FRONTEIRAS DO ERÓTICO

Espaço e erotismo n'O *Cortiço*

FRONTEIRAS DO ERÓTICO

Espaço e erotismo n'*O Cortiço*

Vinícius Bezerra

Copyright © 2015 Vinícius Bezerra

Grafia atualizada segundo o Acordo Ortográfico da Língua Portuguesa de 1990, que entrou em vigor no Brasil em 2009.

Edição: Joana Monteleone/Haroldo Ceravolo Sereza
Editora assistente: Camila Hama
Projeto gráfico, capa e diagramação: Camila Hama
Assistente acadêmica: Bruna Marques
Revisão: Jorge Buarque
Assistente de produção: Cristina Terada Tamada

Imagem da capa: freepik.com

Esta edição contou com o apoio da Fapema

CIP-BRASIL. CATALOGAÇÃO-NA-FONTE
SINDICATO NACIONAL DOS EDITORES DE LIVROS, RJ

B469F

Bezerra, Vinícius
FRONTEIRAS DO ERÓTICO: ESPAÇO E EROTISMO N'O CORTIÇO
Vinícius Bezerra. – 1. ed.
São Paulo: Alameda, 2015.
150p. ; 21 cm.

Inclui bibliografia e índice
ISBN 978-85-7939-336-5

1. Linguística. 2. Literatura e filosofia. 3. Análise do discurso literário. I. Título.

15-24722   CDD: 410
                CDU: 81'1

ALAMEDA CASA EDITORIAL
Rua Conselheiro Ramalho, 694 – Bela Vista
cep 01325-000 – São Paulo – sp
Tel. (11) 3012-2400
www.alamedaeditorial.com.br

A Sílvia Furacão, mãe, amiga, cúmplice. De sua língua rocei a língua viva de eros, às escâncaras, para o pejo dos caretas…

Os estudos que se seguem (...) são estudos de "história" pelos campos que tratam e pelas referências que assumem; mas não são trabalhos de "historiador". (...) eles são – se quisermos encará-los do ponto de vista de sua "pragmática" – o protocolo de um exercício que foi longo, hesitante, e que frequentemente precisou se retomar e se corrigir. Um exercício filosófico: sua articulação foi a de saber em que medida o trabalho de pensar sua própria história pode liberar o pensamento daquilo que ele pensa silenciosamente, e permitir-lhe pensar diferentemente.

Michel Foucault

O erotismo é antes de tudo e sobretudo sede de outridade.

Octavio Paz

*Quisesse alguém dar tudo o que tem
para comprar o amor...
seria tratado com desprezo.*

Cântico dos Cânticos

SUMÁRIO

APRESENTAÇÃO 11

PREFÁCIO 15

INTRODUÇÃO 19
Excurso para a crítica da "crítica crítica" d'*O Cortiço*

DA OBRA AO MUNDO 53
Modernização brasileira no Rio de Janeiro
em fins do *Dezenove*

"Uma cavalgadura carregada de dinheiro": economia no Rio de Janeiro oitocentista — 53

"Do inferno da casa para o purgatório do trabalho e vice-versa!": cortiços e habitações populares — 62

A "seiva regeneratriz do bom sangue africano": sobre teorias raciais e mesológicas — 70

"Uma limpeza de máquina moderna": a medicina social e a cidade — 76

Escorço para o estudo do itinerário de Aluísio Azevedo — 91

"Feitos" e Indícios para a reconstrução do itinerário — 93

EM BUSCA DO MUNDO DA OBRA — 99
Espaço e erotismo n'*O Cortiço*

O Cortiço: espaço de espaços e suas fronteiras — 106

"Uma música feita de gemidos de prazer" sob "o prazer animal de existir" — 119

EPÍLOGO — 137

FONTES E BIBLIOGRAFIA — 141

AGRADECIMENTOS — 149

APRESENTAÇÃO

Fronteiras do erótico veio a lume em fins de 2012, ocasião da minha defesa de dissertação no curso de Mestrado do então nascente Programa de Pós-Graduação em História Social da Universidade Federal do Maranhão, sob orientação da Prof ª Dr ª Marize Helena de Campos.

Interessava-me compreender, em *O Cortiço*, os sentidos e o significado do erotismo enquanto arranjo diegético, um entre outros arranjos importantes no interior do romance, numa obra em que a questão espacial figurava no primeiro plano composicional, a julgar de pronto pelo próprio título. Partia de um franco incômodo em face de trabalhos acadêmicos colhidos no último decênio, no âmbito da História tanto quanto da Análise Literária, que emprestavam ao romance e seu autor um trato narrativo e simbólico estreito e conservador, porquanto reduzidos mimeticamente às condições ideológicas da modernização burguesa no Brasil.[1]

---

1   Ilustrativo deste patamar de leitura, e paradoxalmente reivindicando a análise histórico-literária, cf. TAMANO, Luana Tieko Omena *et al.* "O cientificismo das teorias raciais em O cortiço e Canaã". *História, Ciências, Saúde – Manguinhos*, Rio de Janeiro, v. 18, n. 3, jul.-set. 2011, p. 757-773.

Tais interpretações, filiadas à teoria das representações e do discurso, procediam a uma abordagem, de um lado, que apanhava o condicionamento social da obra, porém, de outro, no seu pós--modernismo anti-materialista, esbarrava em duplo deslize: ignorava a reprodução econômico-social matrizada pelo capital e seu consequente diagrama de classes flagrantemente presente na narrativa; e reduzia a obra de arte – o romance – à inespecífica condição de *discurso* ou *representação*, desprovido de materialidade econômica evidentemente, o que permitiu se fazer ilações acerca do romance, no tocante ao erotismo, como estreitamente racista, mesológico, sexista ou higienista. Por fim, nestes trabalhos, a própria análise da não simples transição do externo ao interno n'*O Cortiço* restava sem refino analítico e paupérrima em suas conclusões.

Longe de ignorar a existência destes matizes na narrativa, a leitura da problemática erótica me dirigia cada vez mais ao arranjo espacial e suas mediações e, conseguintemente, ao móvel narrativo, ossatura e diretriz composicional, o que impunha colocar nos devidos lugares aqueles matizes típicos do ambiente intelectual de época e sua coloração relativa no romance, posto ser mister perceber a totalidade plasmada e sintetizada objetivamente na criação artística da obra.

Deste modo, ao partir da obra, de sua imanência, era lançado à necessidade de descoberta do mundo, o Brasil em seu processo de modernização capitalista em fins do séc. XIX – coisa aliás indispensável especialmente diante do estilo naturalista e sua assaz pretensão documentária –, em sua teia de contradições onde figuram aqueles elementos conservadores e a lógica social que lhes consubstanciam. Do fluxo entre mundo e obra, notava como os arranjos composicionais e seus núcleos de significado, numa semântica visceral não destituída de forte acento metafórico, revelavam sob a sequência literária um brutal processo em curso na série social.

O erotismo, pois, estabelecia uma correlação demasiado intensa com a questão espacial, e ambos não seriam compreendidos adequadamente se alheados da sequência narrativa, onde subjaz uma aguda alienação das qualidades e sentidos humanos no ínterim das diversas classes, mesmo em seus notáveis contrastes.

Vê-se, assim, que o presente ensaio se imiscui nos campos da História e da Crítica Literária, sem prescindir, todavia, de uma angulação filosófico-estética no esforço do escrutínio. Arrazoado que almeja um reencontro profundo necessário entre História, Crítica Literária e Filosofia sempre que a obra de arte figure como objeto de atenção imanente do crítico.

Em 2015, comemoramos 125 anos desde a primeira edição de *O Cortiço*. A sua controversa recepção entre leitores e críticos até hoje testemunha uma indubitável atualidade, de modo que nos é estimulante poder oferecer ao público mais amplo as pistas de leitura e análise aqui contidas.

Fortaleza, 2015
Vinícius Bezerra

PREFÁCIO

No cerne do paradoxo ou da análise dialética

Confesso que fiquei surpreso com o convite para prefaciar o *Fronteiras do erótico*: espaço e erotismo n'*O Cortiço*. Fui tomado por uma miscelânea de sentimentos, tais como felicidade, entusiasmo, honra e orgulho – repleto de responsabilidade –, afinal, este livro é decorrente de uma pesquisa de mestrado cujo valor intelectual já é reconhecido, segundo atesta a premiação concedida pela Fapema.

Seguindo as orientações de Antonio Candido, grande estudioso da literatura, o autor do presente opúsculo enfatiza a primazia do texto literário, enquanto construção estética singular, sem desconsiderar a importância do social. Ademais, a imanência é um fundamento da prática analítica, que não afasta o diálogo com a história. O respeito ao caráter autônomo da literatura aponta para a lição dos formalistas russos,[1] qual seja, a centralidade do texto. Não obstante isso é perfeitamente factível e possível o estudo histórico a partir de uma narrativa. O próprio Theodor W. Adorno, em sua *Teoria Estética*, leciona: "O momento histórico é constitutivo nas obras de arte; as obras autênticas são as que se en-

---

[1] TOLEDO, Dionísio de Oliveira (org.). *Teoria da literatura: formalistas russos*. Porto Alegre: Globo, 1978.

tregam sem reservas ao conteúdo material histórico da sua época e sem a pretensão sobre ela. São a historiografia inconsciente de si mesma da sua época (…)."[2]

Vinícius Bezerra lê de modo magistral a história em *O Cortiço*, obra-prima de Aluísio Azevedo, verdadeiro marco do Naturalismo brasileiro, "pura historiografia inconsciente". Executa isso com arguta percepção da realidade social inscrita no romance, afastando as posições extremas que obscurecem a apreensão do significado da obra, quais sejam: a desconsideração do condicionamento social e a dependência deste fator para exprimir o valor estético (nos termos de Georg Lukács[3]).

A hermenêutica dialética erigida pelo jovem crítico revela a relação inextrincável entre fatores internos e externos engendrados no *corpus* analisado e condiz com "uma interpretação estética que assimilou a dimensão social como fator de arte. Quando isto se dá, ocorre o paradoxo assinalado inicialmente: o externo se torna interno e a crítica deixa de ser sociológica, para ser apenas crítica. O elemento social se torna um dos muitos que interferem na economia do livro, ao lado dos psicológicos, religiosos, linguísticos e outros. Neste nível de análise, em que a estrutura constitui o ponto de referência, as divisões pouco importam, pois tudo se transforma, para o crítico, em fermento orgânico de que resultou a diversidade coesa do todo".[4]

O Cortiço constitui-se como a primeira composição ficcional a abarcar o processo explícito de acumulação do capital no

---

2 ADORNO, Theodor W. *Teoria estética*. Trad. Artur Morão. Lisboa: Edições 70, 2008.

3 LUKÁCS, Georg. *Estética I – la peculiaridad de lo estético*. Trad. Manuel Sacristán. Barcelona-México: Grijalbo, 1966-1967. 4v.

4 CANDIDO, Antonio. "Crítica e sociologia". In: _____. *Literatura e sociedade: estudos de teoria e história literária*. 8ª ed. São Paulo: T. A. Queiroz, p. 7.

Brasil, embora de maneira primitiva[5], tornando-se um campo fértil para a análise que busca na economia textual delinear o retrato do adensamento do capitalismo e da consequente exclusão social, que perpassa as relações intersubjetivas (incluindo as questões ligadas à sexualidade) das personagens e que possibilitam uma leitura profunda da realidade sócio-histórica e suas reverberações. A escolha desse romance mostrou-se, portanto, muito acertada, porque tal narrativa tem caráter alegórico e plasma as tensões sociais e econômicas que a integram. Além disso, há outro traço marcante na obra azevediana e muito bem destacada por Bezerra: a animalidade que está imbrincada no espaço e se irradia para as pessoas que a experienciam no cotidiano. O corolário de tais aspectos é a possibilidade de sedimentação de um painel histórico assentado em bases teóricas consistentes.

Cumpre ressaltar, ainda, que a pertinência e relevância do estudo desenvolvido está fulcrada também nas categorias analíticas enfocadas: o espaço e o erotismo, e suas conexões. A análise de Vinícius Bezerra capta a proeminência destas, desnudando-as em sua exegese d'*O Cortiço*. À medida que as abarca, explicita o conteúdo histórico que impregna a estrutura narrativa, dialogando com os elementos exteriores.

Por fim, outro ponto interessante que merece ser sublinhado é o concernente à construção textual do professor e pesquisador do Instituto Federal do Maranhão, que assume coerentemente a forma ensaística. No campo da Academia isto denota coragem e ousadia, haja vista que o livro é fruto de uma dissertação de mes-

---

5   CANDIDO, Antonio. Duas vezes "A passagem do dois ao três". In: _____. *Textos de intervenção; seleção, apresentação e notas de Vinicius Dantas*. São Paulo: Duas Cidades, Ed. 34, 2002, p. 51-76.

trado. A ruptura com o padrão estabelecido mostra-se apropriada, posto que a proposta e o *corpus* são consentâneos à perspectiva dinâmica que "quer construir uma conjunção de conceitos análoga ao modo como estes se acham conjugados no próprio objeto".[6]

Max Bense assevera o seguinte: "escreve ensaisticamente quem compõe experimentando; quem vira e revira o seu objeto, quem o questiona e o apalpa, quem o prova e o submete à reflexão; quem o ataca de diversos lados e reúne no olhar de seu espírito aquilo que vê, pondo em palavras o que o objeto permite vislumbrar sob condições geradas pelo ato de escrever".[7] É assim que Vinícius Bezerra age em relação a *O Cortiço*, faz uma crítica que não separa conteúdo e forma, pelo contrário, os une dialeticamente com o desiderato de entender a história à luz da estética. Destarte, o texto bezerreano consiste num convite à leitura de Aluísio Azevedo e da própria história.

Aristóteles de Almeida Lacerda Neto

---

[6] ADORNO, Theodor W. "O ensaio como forma". In: _____. *Notas de literatura I*. Trad. Jorge de Almeida. São Paulo: Duas Cidades; Editora 34, 2003, p. 44-45.

[7] *Apud* ADORNO, Theodor W., *op. cit.*, p. 35-36.

INTRODUÇÃO

Excurso para a crítica da "crítica crítica" d'*O Cortiço*

O Cortiço conseguiu projetar-se no cenário literário brasileiro de tal modo que, segundo críticos, constitui a nossa máxima obra do Naturalismo. Desde sua publicação, tem ensejado reações as mais diversas, e ainda hoje é objeto de revisitação pelos campos disciplinares da História e da Crítica Literária, em especial, a partir da atualização epistemológica por que passam tais campos e cujos novos olhares buscam ser lançados sobre uma obra tão seminal no trato com temas e problemas caros que se esgueiram à constituição de representações sociais, eventualmente estreitas à sociabilidade contemporânea.

Os elementos que figuram o que se denomina o campo das representações sociais coletivas — algo cada vez mais requerido na abordagem historiográfica — remetem a uma miríade de elaborações do ser social, as diversas *estratégias discursivas* consúteis do *sentido* a que as relações travadas entre os agentes da vida cultural vão se perfazendo. Entre elas, contamos a ciência, as práticas jurídicas, a política, a *atividade literária*, dentre outras. Salienta Roger Chartier que o estudo a partir desta nova angulação "centra a atenção sobre as estratégias simbólicas que determinam posições e relações e que constroem, para cada classe, grupo ou meio, um *ser-percebido* constitutivo de sua realidade".[1]

Entre os problemas que desbordam a partir de O *Cortiço*, aqueles atinentes ao processo de modernização no Brasil, com sua intensidade de rebatimentos contraditórios, são alentadores à pesquisa social e histórica e, por isso, também aliado ao uso cada vez mais interessado da literatura como fonte da investigação historiográfica, têm mobilizado novos pesquisadores acadêmicos a examinarem as representações literárias daquela obra azevediana na constituição do *ser-percebido* em suas relações de poder referentes a classes e grupos, em um período tão decisivo na instituição da sociabilidade brasileira. Interessa-nos, em especial, o tratamento dispensado à questão do *erotismo*, situada no quadro da modernização referida, particularmente as transformações espacial-urbanas e sua presença ressignificada no interior do romance. Note-se que o uso da obra literária na pesquisa histórica, ou o estudo do erotismo, ou, como em nosso caso, a junção de ambos já aventa um modo de "fazer História" a partir de outros recursos na História Social.

Estes recursos que acompanham os sopros da história social – incursão de meados dos anos 1970 – precisam ser postos em pauta por referência às abordagens predominantes anteriormente, de modo a percebermos a importância que as incertezas desta mudança paradigmática indicam para o horizonte da história enquanto disciplina, sem deixar, todavia, de tomá-las pelo crisol da avaliação crítica quando de suas vacilações e imposturas.

---

[1] CHARTIER, Roger. "O mundo como representação". *Estudos Avançados*, 11(5), 1991, p. 184.

Lawrence Stone[2] defenderá que esta mudança advém do abandono de modelos e métodos próprios à história estrutural, que incluiria os modelos econômico-marxista, ecológico-demográfico francês e o "cliométrico" americano, em favor da história narrativa, que estaria ressurgindo, e cujo "enfoque central diz respeito ao homem, e não às circunstâncias".[3] A desilusão com os modelos deterministas, econômico ou demográfico, que se sustentavam na quantificação e na pretensão de grandes generalizações referentes às leis históricas e sociais, permitirá a retomada da narrativa na medida em que as ideias, a cultura ou mesmo a vontade individual passam a ser reconhecidas, segundo ele, como "agentes causais de transformação tão importantes quanto as forças impessoais da produção material e do crescimento demográfico".[4]

A despeito das simplificações e/ou incorreções de Stone, dignas de um pastichador, que suscitaram rebatimentos de historiadores distintos como Hobsbawn[5] e Chartier,[6] há entre diversos historiadores contemporâneos o acordo em torno de uma virada epistemológica no campo das ciências sociais, que não deixou de atravessar a construção do discurso histórico, impondo assim diversas questões e dúvidas ao "ofício" do historiador.[7]

---

2   STONE, Lawrence. "O ressurgimento da narrativa: reflexões sobre uma Velha História". *Revista de História*, n. 2/3, IFCH/UNICAMP, 1991.

3   *Ibidem*, p. 14.

4   *Ibidem*, p. 19.

5   HOBSBAWN, Eric. "O ressurgimento da narrativa: alguns comentários". *Revista de História*, n. 2/3, IFCH/UNICAMP, 1991.

6   CHARTIER, Roger. "A história hoje: dúvidas, desafios, propostas". *Estudos Históricos*, Rio de Janeiro, vol. 7, n. 13, 1994, p. 97-113.

7   Hobsbawn dedica todo um texto de comentários críticos a respeito do ensaio de Stone, e afirma de modo exemplar: "Não há nada de novo em

Ginzburg,[8] em famoso ensaio, anuncia o advento de um paradigma "indiciário" de conhecimento, posto que fundado na singularidade, no detalhe, no residual das práticas sociais em contraposição ao então dominante paradigma "galileano" da modernidade, que procura subsumir a história a procedimentos numéricos, quantificadores dos fenômenos, de sua redução à série estatística, algo típico à investida estruturalista que buscava apanhar as leis históricas que regulariam as estruturas e relações sociais, para além dos indivíduos.

A história social assistiria então a uma reviravolta que consiste na abordagem acerca das lutas de representações coletivas, escapando à dependência estrita ao econômico no exame do social. Neste passo, o tratamento das clivagens culturais, sob a égide da cartografia de particularidades do "real", anuncia a transição de uma história social da cultura para uma história cultural do social.[9]

---

escolher olhar o mundo por um microscópio, ao invés de um telescópio. Na medida em que concordamos que estamos estudando o mesmo cosmo, a opção entre o microcosmo e o macrocosmo é uma questão de escolha da técnica adequada" (*Ibidem*, p. 45). Chartier (*Ibidem*, p. 103), por seu turno, sustenta que há "uma questão mal-colocada [n]o debate travado em torno do suposto 'retorno da narrativa' que, para alguns, teria caracterizado a história nesses últimos anos. Como, na verdade, poderia haver 'retorno' ou redescoberta onde não houve nem partida nem abandono? A mutação existe mas é de outra ordem. Ela tem a ver com a preferência dada recentemente a algumas formas de narrativa em detrimento de outras, mais clássicas".

8   GINZBURG, Carlo. "Sinais: raízes de um paradigma indiciário". In:_____. *Mitos, emblemas, sinais*. São Paulo: Companhia das Letras, 1989.

9   CHARTIER, Roger. "O mundo como representação". *Estudos Avançados*, 11(5), 1991.

Neste contexto, nem a história *événementielle*, típica à narrativa rankeana, nem mais as metanarrativas, peculiarmente com os matizes braudeliano, marxista ou funcionalista, supõem os historiadores, dão conta das novas demandas epistemológicas para a interpretação do universo cultural, enquanto rede intercambiável de signos interpretáveis. Com efeito, Castro,[10] em seu mapeamento da evolução da história social, nota que, entre as contribuições de diversas ordens, tais como a micro-história, a antropologia cultural ou escola social do trabalho inglesa, Michel Foucault radica entre aquelas cuja influência é decisiva e original no trato dinâmico da cultura e da história. Segundo ela, sua

> postura significa um rompimento radical tanto com a presunção da existência de estruturas sociais quanto com a ênfase no vivido e na experiência, que classicamente definiam o campo da história social. Resulta daí uma aproximação entre história e crítica literária, bem como uma percepção do conflito e da dinâmica histórica, referida às relações de poder, produzidas em nível do simbólico.[11]

Deste modo, se pode contabilizar a emergência de problemas de grande monta, entre eles o da sexualidade e do erotismo, aos quais os historiadores são signatários, este último em especial, pela tratativa de Foucault[12] na penetração deste universo permeado

---

10   CASTRO, Hebe. "História Social". In: CARDOSO, C. F.; VAINFAS, R. *Domínios da história: ensaios de teoria e metodologia*. Rio de Janeiro: Campus, 1997, p. 45-59.

11   *Ibidem*, p. 53.

12   FOUCAULT, Michel. *História da sexualidade I: a vontade de saber*. Rio de Janeiro: Graal, 1999.

por relações de poder, assentadas mediante práticas discursivas que revelam um saber, um *saber-poder*.

A investida de Foucault[13] na historiografia no que tange à problemática da sexualidade, que daí se espraia para os diversos domínios das ciências, inclusive a crítica literária, vem a tona mediante a explicitação do *dispositivo da sexualidade* pelo questionamento da "hipótese repressiva", segundo a qual, no século XVII, teria ocorrido

> o início de uma época de repressão própria das sociedades chamadas burguesas, e da qual talvez ainda não estivéssemos completamente liberados. Denominar o sexo seria, a partir desse momento, mais difícil e custoso.[14]

Contrariamente à referida hipótese, estaríamos diante de uma explosão discursiva sobre o sexo nos últimos três séculos, por meio de uma rede sutil de discursos, saberes, prazeres e poderes. Esta efusão, entretanto, não vai de par ao sentido da liberação e retraimento dos processos repressivos, o que está em jogo é o manejo dos saberes disponíveis articulados às táticas e objetivos do poder, para a constituição de uma malha de dominação. Merece destaque, neste quadro, a ciência médica, visto que é erigida em discurso sancionador da sexualidade, e dará os contornos da moralidade erótica aceitável e "normal" em que a família burguesa se ajustará e daí será soerguida a pêndulo para o enquadramento das demais classes e agrupamentos sociais. De modo sintético, Magali Engel formula a pergunta que exprimiria razoavelmente o caminho da abordagem foucaultiana: "em resumo, como e por que nos transformamos nas

---

13 Idem. *História da sexualidade II: o uso dos prazeres*. Rio de Janeiro: Graal, 1998
14 Idem. *História da sexualidade I: a vontade de saber*. Rio de Janeiro: Graal, 1999, p. 21.

sociedades ocidentais contemporâneas em indivíduos cujo sentido mais profundo e verdadeiro estaria no sexo?".[15]

O sentido do caminho foucaultiano reverberou intensamente sobre a produção historiográfica em nível internacional, e no Brasil podemos já encontrar um lastro deveras relevante de interpretações acerca do erótico através dos usos e apropriações de sua aparelhagem conceitual e epistemológica.

Segundo Engel,[16] existem dois eixos temáticos básicos pelo qual pendulam as abordagens da sexualidade na literatura historiográfica brasileira contemporânea. O primeiro se concentra no contexto colonial, onde as questões da sexualidade passam tanto pelo significado e influências da Contra-Reforma e da presença da Igreja católica no período, quanto pela multiplicidade étnica e cultural que caracterizam o contexto em pauta. Um vasto leque, que vai da documentação inquisitorial do Santo Ofício, passando por documentos relativos às devassas e às visitações diocesanas, textos jurídicos e opúsculos médicos, relatos de cronistas e viajantes, até as práticas de sexualidade na Colônia, o lesbianismo e a sodomia, constitui objeto de reflexão deste eixo. O segundo, por seu turno, focaliza a construção de uma nova ordem na sociedade brasileira mediante as metamorfoses do mundo do trabalho decorrentes da extinção das relações escravagistas.

Os estudos deste último eixo concentram-se, especialmente, no período que vai de fins do século XIX a início do XX, e tem como preocupação fundamental a análise da construção de novas estratégias disciplinares que garantissem, de forma mais plena e efi-

---

15 ENGEL, Magali. "História e Sexualidade". In: CARDOSO, C. F. & VAINFAS, R. *Domínios da história: ensaios de teoria e metodologia*. Rio de Janeiro: Campus, 1997, p. 436.

16 *Ibidem.*

caz, o controle social num momento de mudanças estruturais em todas as esferas da sociedade.

Neste aspecto, é possível destacar as diversas tentativas encaminhadas por setores intelectuais e/ou dirigentes – tais como médicos, juristas, higienistas, policiais, administradores, políticos – na direção do soerguimento de novos padrões morais que normatizassem as condutas sexuais e afetivas das populações. Entre as várias questões tratadas pela produção historiográfica situada neste eixo, destaque-se a relação entre os padrões normatizadores e os comportamentos sexuais e afetivos, a problemática da prostituição, e a relação entre sexualidade e loucura.

Tendo em mira tal sistematização, diríamos que nosso problema está situado no segundo eixo. Trata-se de uma investigação acerca do erotismo nas representações literárias de *O Cortiço*, romance naturalista de 1890 escrito pelo maranhense Aluísio Azevedo. Como se depreende, a narrativa está situada temporalmente no período de transição aludido da sociedade brasileira e, espacialmente, tem como pano de fundo a cidade que é o *locus* privilegiado desta metamorfose em curso, o Rio de Janeiro. Entre as componentes que configuram esta transição, o processo de urbanização possui aí enorme importância. Do ponto de vista da economia do livro, o seu título mesmo não deixa mentir que a problemática espacial-urbana possui uma inquestionável relevância nos arranjos de sua composição interna. Neste passo, nosso problema está angulado pela investigação das representações eróticas mediante sua interface com o nascente processo de urbanização brasileiro no romance *O Cortiço*. Deste modo, se é verdade que nossa investigação remonta ao segundo eixo supraindicado, não podemos deixar de orbitar também sobre as questões investigadas no primeiro eixo, posto que as "moralidades brasílicas" do "eros colonial",[17] em suma, caracterizam-se pela *inespecificidade e visibilidade dos espaços eróticos*.[18] Por se tratar de um período de transição, naturalmente há, na tensão de reordenação da arquitetura social, elementos da sexualidade da sociedade em declínio ainda persistentes no âmbito das sociabilidades.

No que concerne às aproximações entre história e literatura, Chartier,[19] ao ocupar-se da relação instável e complexa entre *obra* e *autor* e mediante a estrutura conceitual foucaultiana e de elementos literários de Jorge Luís Borges, procurará mostrar o caráter de não universalidade das obras literárias ou gêneros, refutar uma condição de invariância a elas imanente como alguns supõem.

Para ele há dois modos pelo qual a relação entre história e literatura pode ser entendida. Quanto à primeira, é necessário distanciarmo-nos de uma posição espontânea que supõe que os textos, obras e gêneros foram compostos, publicados, lidos e recebidos conforme os critérios que caracterizam nossa relação com o escrito. Importa, neste caso, "identificar histórica e morfologicamente as diferentes modalidades da inscrição e da transmissão dos discursos",[20] ou seja, desenhar uma cartografia das operações e atores envolvidos no processo de produção e circulação de qualquer texto, bem como dos efeitos produzidos pelas formas materiais do discurso atinente à construção de seu sentido. Neste caso, o sentido

---

17 VAINFAS, Ronaldo. "Moralidades brasílicas: deleites sexuais e linguagem erótica na sociedade escravista". In: MELLO E SOUZA, Laura de (org.). *História da vida privada no Brasil*. 6ª ed. São Paulo: Companhia das Letras, 1997, v. 5, p. 221-274.

18 *Ibidem*.

19 CHARTIER, Roger. "Debate: Literatura e História". *Topoi*, Rio de Janeiro, n. 1, 1999, p. 197-216.

20 *Ibidem*, p. 197.

dos textos resulta de uma tensão ou transação entre a invenção literária e os discursos ou práticas do mundo social que, por seu turno, requerem os substratos da criação estética e as condições de sua possível compreensão.

A segunda, mais inusitada, segue o movimento contrário, isto é, captura em alguns textos literários uma poderosa representação dos mecanismos mesmos que regem a produção e transmissão do "mistério estético". Esta segunda modalidade, adotada como cerne da exploração reflexiva de Chartier, impõe aos historiadores a revisão acerca de noções caras à "instituição literária", tanto na Antiguidade quanto na ordem moderna do discurso literário. A primeira seria a identificação do texto como escrito fixado, manipulável em função de sua permanência. A segunda é a ideia de que a obra é produzida para um leitor que lê silenciosa e solitariamente, mesmo estando em espaço público, e a terceira seria caracterizar a leitura como a atribuição do texto a um autor e de desvendamento de sentido.

É necessário desviar-se de tais supostos para compreendermos "as razões da produção, as modalidades das realizações e as formas das apropriações das obras do passado",[21] e isto significa tomá-las em sua historicidade e instabilidade.

A mostra fecunda de como a relação entre literatura e história é apresentada por Chartier em quando descobrimos na metalinguagem do ofício literário encerrado na obra estética o movimento de historicização das categorias atinentes a este discurso e que impõem ao historiador e cientista do social reavaliar noções espontaneamente adotadas como portadoras de universalidade e que dizem respeito à compreensão do processo de produção e circulação de textos. Mas não somente. A relação do leitor com o tex-

---

21 *Ibidem*, p. 198.

to e a identidade mesma do leitor são postas em nível problemático, merecendo aí espaço no quadro das investigações historiográficas.

Walter Mignolo,[22] por seu turno, em semelhante investimento, acentuará que se deve ser cauteloso para não tomar nem a "literatura" nem a "história" como formas discursivas universais. Ao confrontar-se com representações discursivas de culturas não ocidentais (em seu caso, a sociedade mexica e os chamulas), suas práticas semióticas em torno do propósito da conservação e transmissão do passado, de um lado, com demasiado custo poderiam ser qualificadas no ocidental conceito de história, e, de outro lado, a projeção de sua energia criativa sob diferentes formas mas também pela linguagem oral e por variados sistemas de escritura, igualmente custoso seria tomá-las pelas também ocidentais noções de poesia e literatura.

Num esforço de sistematização e de orientação metodológica, Antonio Celso Ferreira[23] reputará as aproximações entre história e literatura, em que esta passa a ser fonte mais recorrente para a pesquisa daquela, como tributária, primeiramente, das investidas críticas dos *Annales* contra a Escola Metódica francesa onde tanto houve dilatação do repertório das fontes históricas quanto o próprio conceito de fonte foi metamorfoseado e, segundamente e de maneira decisiva, das abordagens e problemas levantados pela *Nova História*, na qual houve "dilatação do território temático do historiador".[24]

---

22 MIGNOLO, Walter. "Lógica das diferenças e política das semelhanças: da literatura que parece história ou antropologia, e vice-versa". In: CHIAPPINI, Lígia; AGUIAR, Flávio Wolf de (org). *Literatura e História na América Latina*. 2ª ed. São Paulo: Edusp, 2001, p. 115-161.

23 FERREIRA, Antonio Celso. "Literatura: a fonte fecunda". In: PINSKY, C. (org.). *O historiador e suas fontes*. São Paulo: Contexto, 2011.

24 *Ibidem*, p 64.

Neste plano, tornou-se lugar comum falar em uma *crise da história*, pertencente à também repisada *crise de paradigmas* a que estariam mergulhadas as ciências humanas. No que respeita aos aspectos epistemológicos, encontraremos como parte essencial de tais tendências concepções que porão em xeque "a natureza do discurso histórico e de seu valor de verdade".[25] Trata-se de uma avalanche de irracionalismo e ceticismo relativista dos "apóstolos do caos e da desordem epistemológica" que busca eliminar a própria possibilidade do discurso histórico enquanto *conhecimento de História*.

Esta ânsia pode, em meio às suas variações, ser delimitada nos contornos da *agenda pós-moderna*.[26] E seus efeitos sobre a História enquanto disciplina parecem ser dos mais graves. Se é verdadeiro observar que há uma problemática concernente ao ofício do historiador, sua resolução não se dá pela proclamação da desintegração ou impossibilidade do próprio ofício. Nesta contextura, tornou-se algo urgente fazer o contraponto aos descaminhos desta razão historiadora, em especial, pôr freios aos excessos de subjetivismo a que se reveste este tipo de razão, bastante conforme às flutuações da cultura contemporânea.

Pois, pela passagem que apresentamos há pouco do balanço de Hebe Castro[27] acerca do desenvolvimento da História Social, a existência de estruturas sociais configura-se tão somente como uma *presunção*. Diferentemente da safra de intelectuais anteriores,

---

25 FALCON, Francisco José Calazans. "Apresentação". In: BOUTIER, J. & JULIA, D. (orgs.) *Passados recompostos: campos e canteiros da História*. Rio de Janeiro: UFRJ/FGV, 1998, p. 9.

26 WOOD, Ellen Meiksins. "Em defesa da História: marxismo e a agenda pós-moderna". *Revista Crítica Marxista,* São Paulo, n. 3, 1996, p. 118-127.

27 CASTRO, Hebe, *op. cit.*

até os idos da década de 1960, que também indicavam o advento de uma época pós-moderna – a exemplo de Wright Mills – mas que a compreendiam como expressão de problemas estruturais e cuja compreensão passava, destarte, pela conexão que esta forma de consciência estabelecia com as estruturas sociais, algo a ser conduzido por uma análise causal, as teorias correntes da pós-modernidade rejeitam a própria existência de estrutura ou conexões estruturais e mesmo a possibilidade da causalidade como processo real e analítico. "Estruturas e causas foram substituídas por fragmentos e contingências".[28] De tal modo que esta pretensão teorética desemboca numa melindrosa aporia: "Pela primeira vez, estamos diante de uma contradição em termos: uma teoria da mudança de época histórica, baseada na negação da história".[29]

Na justa demarcação conceitual de Ellen Wood, a *agenda pós-moderna* é pautada na:

> ênfase na linguagem, na cultura e no "discurso" (com o argumento de que a linguagem é tudo o que podemos conhecer sobre o mundo e de que não temos acesso a nenhuma outra realidade), em detrimento das preocupações "economicistas" tradicionais da esquerda e das velhas preocupações da economia política; rejeição do conhecimento "totalizante" e dos valores "universalistas" (incluindo as concepções ocidentais de "racionalidade", as idéias gerais de igualdade, liberais ou socialistas, e a concepção marxista da emancipação humana geral), em benefício da ênfase na "diferença", em identidades particulares diversas como gênero, raça, etnicidade, sexualidade e

---

28 WOOD, Elen Meiksins, *op. cit.*, p. 121.

29 *Ibidem*, p. 122.

> em várias opressões e lutas particulares e separadas; insistência na natureza fluida e fragmentada do eu humano (o "sujeito descentrado"), que toma nossas identidades de tal modo variáveis, incertas e frágeis, que é difícil ver como podemos desenvolver o tipo de consciência capaz de formar a base para a solidariedade e a ação coletivas fundadas numa "identidade" social comum (como a classe), numa experiência e em interesses comuns – uma exaltação do "marginal" –; e repúdio das "grandes narrativas", tais como as idéias ocidentais de progresso, incluindo as teorias marxistas da história.[30]

O sufixo "pós", do impreciso e confuso vocábulo pós-moderno, indica a contraposição à perspectiva do Esclarecimento, que configuraria o "mundo moderno". Caras noções como racionalidade, progresso e emancipação estariam sob franca suspeição, pois que o projeto iluminista de modernização teria falido ao engendrar forças opressoras de mulheres e homens, devastado a natureza, produzido miséria e sofrimento, tudo avesso à promessa do *Aufklärung*.

Como nota de modo perspicaz Maria Célia Marcondes de Moraes, se trata de

> Crítica pertinente, como se vê, mas de inegável caráter idealista: o complexo de forças históricas que determinam o desenvolvimento social é omitido e na balança só figuram ideias difusas do Esclarecimento, sobretudo as de Kant e Condorcet. Este talvez seja o ponto mais frágil da agenda pós-moderna e seu mais

---

30 *Ibidem*, p. 123-124.

evidente pomo de discórdia: considerar as complexas determinações das forças históricas uma metanarrativa e, ao desprezá-las, reduzir a história a uma narrativa sobre o único e o contingente.[31]

É mister ressaltar que as confluências entre História e Literatura dos anos 70 virão sob o signo desta invectiva epistemológica fundamental, qual seja,

> a mudança de eixo, o "salto" da realidade para o texto como agente constitutivo da consciência humana e da produção social do sentido. Foi a sedução da assim chamada virada lingüística, então levada a extremos pela suposição de que há uma anterioridade da linguagem em relação ao mundo real e assim, o que se pode experimentar como "realidade" nada mais seria do que um constructo ou um "efeito" do sistema particular de linguagem ao qual pertencemos.[32]

Nota-se que a perspectiva da realidade como um constructo cria uma severa interdição entre a linguagem e sua conexão com a realidade extralinguística, esfacela a relação entre palavras e coisas, o que por sua vez desemboca na proposição de que apenas conhecemos o que construímos. Esta proposição implica na dissolução mesma da História, e neste quadro teríamos a obliteração das fronteiras entre História e Literatura.[33]

---

31 MORAES, Maria Célia Marcondes de. "O renovado conservadorismo da agenda pós-moderna". *Cadernos de Pesquisa*, v. 34, n. 122, p. 337-357, maio/ago. 2004, p. 341-342.

32 *Ibidem*, p. 343.

33 *Ibidem*.

Desta forma, em reação a esta marola da agenda "pós" na História, Mario Duayer e Maria Célia Moraes observam com justeza que:

> A Literatura possui um campo vastíssimo e, como se sabe, todo texto literário ocupa um determinado espaço social tanto como produto do mundo social dos autores quanto como agente textual atuando sobre este mundo, com o qual mantém uma relação complexa e contraditória. A Literatura, assim, ao mesmo tempo espelha e engendra o sentido de realidade de uma cultura e das formações sociais sobre as quais ela intervém para sustentar, resistir ou contestar, dependendo do caso em questão. Por este motivo, a Literatura, para além do que é em si mesma, será sempre uma inesgotável e rica fonte de informações para os historiadores. Entretanto, (...) o texto literário e o contexto histórico não são uma mesma trama: um não pode ser reduzido ao outro nem tomados como idênticos. A "narrativa" histórica constitui-se na possibilidade e no compromisso de compreender o contexto do qual a literatura faz parte, mesmo consciente de que não pode traduzi-lo mediante uma imagem categórica e definitiva. Sua meta é a de, pela análise do processo social real, expressar e problematizar a complexidade das determinações sociais do contexto histórico privilegiado, a estrutura interna que lhe é própria e que é continuamente renovada, recriada, redefinida.[34]

---

34 DUAYER, Mario; MORAES, Maria Célia Marcondes de. "História, estórias: morte do real ou derrota do pensamento". *Perspectiva*, Florianópolis: NUP/CED/UFSC, v. 16, n. 29, jan./jul. 1998, p. 70.

Vemos que, em primeiro lugar, é preciso pôr no devido lugar os abusos epistemológicos provenientes da *linguistic turn*, que procurou decretar o real senão como texto, como acordo linguístico, que se apresentaria na forma de um caleidoscópico simulacro, não raramente ininteligível. Em segundo lugar, a projeção mais sutil desta orientação no tratamento dispensado quando do estudo do texto literário, isto é, sua diluição como prática discursiva indistinta de outras que, por correlação, seriam também textualidades. Neste segundo caso, Marcelo Bulhões em balanço assevera:

> Pode-se falar de uma crise da história literária tradicional que é derivada de uma crise das concepções que norteavam a história geral, ou seja, a crença no princípio da causalidade, a noção de uma continuidade evolutiva dos períodos, a pretensão à objetividade. Nesse sentido, estaria sob suspeita, por exemplo, o próprio uso do termo *naturalismo*, uma vez que ele denunciaria uma concepção positivista da história literária, baseada na segmentação em "escolas".
>
> No entanto, à tentativa de abandono de tais noções sucedeu, muitas vezes, um impasse diante dos caminhos que deveriam ser seguidos e, não raro, dilemas muito sérios quanto à definição dos métodos a serem empregados em uma nova abordagem historiográfica. Não rara também foi alguma perda da direção com a migração do interesse estético para os de outra ordem, sociológicos, antropológicos, psicanalíticos, filosóficos. Assim, em muitos casos, o texto literário passou a servir como objeto para aplicação de interesses e instrumentos específicos dessas dis-

ciplinas, manancial para o estudo, por exemplo, da chamada "história das mentalidades". Legítima é a opção do historiador ou do sociólogo de tomar a literatura como um campo rico para as suas investigações. É verdade também que, por outro lado, os estudos literários sempre se enriqueceram com o intercâmbio disciplinar. No entanto, é preciso não perder o rumo quanto aos interesses próprios dos estudos literários. A expressão estética é sua principal matéria de interesse. É preciso também entender a literatura segundo uma dialética essencial, a partir da qual o texto sempre comporta as marcas do contexto em que se produziu mas, ao mesmo tempo, resguarda sua porção de autonomia em relação a esse contexto.[35]

Pelo que se depreende do itinerário traçado até aqui, a guinada cultural da historiografia permitiu pôr em relevo, entre outras coisas, duas questões importantes para nossa reflexão: a relação entre história e sexualidade, ou história e erotismo, e a relação entre história e literatura. Conforme indicado acima, nossa investigação orbita pela correlação entre ambas: história, erotismo e crítica literária.

Ora, os revolteios metodológicos e epistêmicos oriundos dos novos ventos soprados sobre a história social, se, de um lado, se mostram instigantes por tensionarem novas ferramentas e objetos à "oficina" do historiador, por outro lado, pelo viés predominante mesmo em que se revestem as tais abordagens *novidadeiras* da clave culturalista típica à agenda pós-moderna, não raro incidem

---

35 BULHÕES, Marcelo. *Leituras do desejo: o erotismo no romance naturalista brasileiro*. São Paulo: Edusp, 2003, p. 13.

em deslizes e abusos teórico-metodológicos, onde os novos ventos parecem trazer consigo um velho fumo, e uma cortina de fumaça se instaura em diversas empreitadas de pesquisa.

Exemplar, e atinente à nossa problemática analítica, de tais empresas são as imposturas de certos "olhares" no uso da obra de arte literária como fonte histórica – e nos dirigimos, neste particular, a *O Cortiço* – especialmente o exame dispensado às questões do erotismo naquele romance.

Certo afã crítico, de inspiração foucaultiana, em mapear tecnologias de poder e dispositivos de sexualidade na ordem discursiva literária, tem levado diversos pesquisadores acadêmicos a impudências metodológicas no que concerne ao uso da literatura, na medida em que olvidam sua peculiaridade como fenômeno estético e descuidam das exigências teoréticas e metodológicas que a obra de arte impõe para o seu exame enquanto tal. A dialética entre obra e mundo é esboroada e, prescindindo da apreensão da obra enquanto totalidade, estes autores encetam um renovo crítico que se mantem ao nível epidérmico da obra e, por conseguinte, repousam em inferências *negativistas* a respeito de obra e autor, tornando-os meros vetores das redes discursivas do poder. A nosso juízo, isto tem ocorrido exemplarmente com *O Cortiço* e Aluísio Azevedo.

O subtítulo a que nomeamos esta Introdução – excurso para a crítica da "crítica crítica" d'*O Cortiço* – fez remissão ao título de uma conhecida obra de juventude de Marx e Engels em que desferem poderoso ataque contra os neohegelianos. Estes, galopando ainda sobre o corcel especulativo caricatural, superestimaram as representações e autoimagens de filósofos e críticos a ponto de acharem que eram os próprios críticos quem faziam a História.

Nas célebres páginas de *A sagrada família*,[36] bem como de *A ideologia alemã*,[37] Marx e Engels nos legaram um ensinamento fundamental no campo da deontologia metódica, qual seja, a vigilância da razão histórica e científica face a proclames *novidadeiros* que se mostram parcamente densos e pouco fecundos na heurística e apropriação do real. Em ambas as obras, os neohegelianos de esquerda representam este *leitmotiv* da radicalidade crítica marxiana, pois, ao se autoproclamarem a síntese cumeeira da História, reivindicando-se a máxima expressão da crítica – a própria "crítica crítica" –, levaram a historiografia a um nível trivial de compreensão da lógica do real e seu devir. "É claro que esse espírito desencarnado só tem espírito na imaginação".[38]

Como é notável, a chamada Nova História Cultural, abraçando ardorosamente a matriz culturalista da antropologia de Geertz, avança essencialmente pelo terreno do imaginário, as representações que os indivíduos e as coletividades elaboram de si mesmos. Voltam a defender uma "história das representações, destacada dos fatos e dos desenvolvimentos históricos que constituem a sua base".[39] Para a *nova história*,

> a "imaginação", a "representação" desses homens determinados sobre a sua práxis real é transformada na única força determinante e ativa que domina e determina a prática desses homens.[40]

---

36   MARX, Karl; ENGELS, Friedrich. *A Sagrada Família ou a Crítica da Crítica Crítica: contra Bruno Bauer e seus seguidores.* São Paulo: Centauro, 2005.

37   *Idem. A Ideologia Alemã.* São Paulo: Boitempo, 2007.

38   *Ibidem*, p. 13.

39   *Ibidem*, p. 45.

40   *Ibidem*, p. 44.

Como já citamos de Stone, o "enfoque central diz respeito ao homem, e não às circunstâncias",[41] ou seja, a velha antinomia indivíduo/sociedade é requentada, pendendo substancialmente para a primazia da instância volitiva do sujeito. Com uma assombrosa atualidade, e como se estivesse se dirigindo a estes intelectuais, Marx faz pilhéria deste patamar da leitura historiográfica, e, trocista, afirma:

> entretanto na vida comum qualquer *shopkeeper* [lojista] sabe muito bem a diferença entre o que alguém faz de conta que é e aquilo que ele realmente é, nossa historiografia ainda não atingiu esse conhecimento trivial.[42]

Guardadas as diferenças, é constrangedor não notar as similitudes entre as piruetas neohegelianas e os sinais alarmistas do pós-modernismo culturalista e relativista da *crise de paradigmas* que, a despeito de hoje não grassar a mesma intensidade polemista, ainda encontra audiência suficiente para alimentar a produção acadêmica que procura seu porto seguro neste horizonte epistemológico *plus*-crítico – por que não dizer novamente "crítico crítico"? – requerendo, portanto, de nossa parte, a *tarefa da crítica à crítica crítica*, a crítica ao *estado da arte* crítico.

Para tanto, estreitando-nos às regras de elocução de verdade na narrativa histórica na contemporaneidade, seguiremos o que acentua o historiador Carlo Ginzburg,[43] em que tais regras se definem pela lógica de *apontar e citar*. Ou seja, para além de um efeito

---

41   STONE, Lawrence, *op. cit.*, p. 14.
42   *Ibidem*, p. 50.
43   GINZBURG, Carlo. "Apontar e Citar: A Verdade da História". In: *Revista de História*. Campinas: UNICAMP, n. 2 e n. 3, p. 91-106, 1991.

retórico que em si se bastasse para produzir a verdade do discurso (*ekphraseis* e *enargeia*), tal como desenvolvido na concepção clássica de história, hoje dependemos da evidência.

As passagens que seguem subscritas, por vezes prolixas, as citamos com o intento de evidenciar como recentes produções acadêmicas tem percebido a problemática do erotismo em O Cortiço, a nosso ver, sob o efeito epistemológico e metodológico da agenda pós-moderna e, daí, desaguando num dramático reducionismo do lugar daquela obra e seu autor na época em que se inserem. Dois dos trabalhos são do âmbito da historiografia, dois da crítica literária, e todos se mostram muito semelhantes em seus esforços de contextualização e caracterização da questão erótica internamente percebida.

Janaina Rebello, em sua tese de doutoramento, faz a seguinte apreciação, em nível mais genérico, da temática erótica no romance:

> A finalidade de desmascarar o sentimentalismo em favor da razão é ideologicamente alcançada, mas a razão naturalista também é deturpadora da realidade, só que por vias diversas das do Romantismo. Percebe-se que *as paixões em O Cortiço são todas comprometidas com vícios e estão a serviço do determinismo cultural e fisiológico, assim como das ideologias estereotipadas.*
>
> (...) A inexistência de uma dimensão espiritual ao tratamento do amor, a redução deste à pura atração carnal, no Naturalismo, se prende também à desvalorização do indivíduo pela ciência da época. As personagens sofrem da ausência de qualquer questionamento existencial, pois são expressões da coletividade, de o que é ser humano, em geral. São representações do agrupamento social, jamais indivíduos, daí a anulação

das sentimentalidades, tão contrária à posição romântica que afirmava a autonomia do indivíduo.

> *Em tais representações concentram-se os valores dominantes no espaço histórico-social do final do século XIX.* As personagens não são dotadas de consciência subjetiva, de tão próximas à pura animalidade. *Na verdade, grande parte do contexto de produção de obras como O Cortiço foi gerada pela ciência da época, e, para o tema aqui abordado, o determinismo de H. Taine é a tendência mais importante, pois que parte do princípio de que o comportamento humano é determinado por três aspectos básicos: o meio, a raça e o momento histórico.* Sob a sua influência, o Naturalismo crê na subordinação da psicologia à fisiologia, e desta ao meio, portanto, na influência determinante deste sobre o comportamento e a psicologia das personagens.[44] (grifo nosso)

Acentuando o corte analítico pela questão étnico-racial, Estrelita Menta diz que:

> A análise do homem enquanto ser, regido pelos instintos, e por componentes hereditários e sociais, movido por ações determinadas pelo meio e pelo momento, como bem retratado em O Cortiço, obra do Naturalismo brasileiro, levantou aspectos relevantes das mazelas sociais e humanas. Essa retratação, por vezes ainda um tanto preconceituosa, devido à zoomorfização do homem, principalmente o negro e o mestiço, bem como às descrições

---

44 REBELLO, Janaina Fernandes. *A multiplicidade de enfoques sobre o amor na narrativa brasileira*. Tese (Doutorado em Letras) - Faculdade de Letras-UFRJ, Rio de Janeiro, 2006, p. 86-87.

> feitas de modo exótico, relegando o "diferente" ao medonho, grotesco, promíscuo, sendo a cultura dos negros, oriunda da África, reduzida ao primitivismo e à superficialidade. (…)
>
> O século XIX, também marcado pelo Nacionalismo, segundo Bonnici e Zolin (2005), sobretudo no Brasil, traz seus heróis para o fortalecimento da identidade nacional, heróis estes representados pelos índios, no Romantismo, completamente idealizados e folclorizados. E o negro? Como era retratado? Nesse período, a literatura pouco se referia aos negros e quando o fazia, referia-se a eles como escravos, reforçando um rótulo que marca até hoje pela discriminação e exclusão. No Realismo e Naturalismo, os negros e mestiços tornam-se figuras recorrentes, mas zoomorfizados e relegados ao exótico. (…)
>
> Em se tratando da mulher negra, em O Cortiço, o autor traz a figura da mulata, exótica e extremamente sensual, com a vulgaridade típica da marginalização e discriminação. (…)
>
> O sexo é força mais degradante que a ambição e a cobiça. A supervalorização do sexo, típica do determinismo biológico, e do naturalismo, conduz Aluísio a buscar quase todas as formas de patologia sexual, desde o "acanalhamento" das relações matrimoniais, adultério, prostituição, lesbianismo etc.[45]

A historiadora Tânia Zimmermann, por seu turno, intentará por em relevo as tecnologias de poder da representação azevediana acerca da mulher e, desta forma, concluirá que:

---

45 *Ibidem*, p. 2-6.

> O romance deixa entrever novas possibilidades de existência para mulheres a partir de traições femininas e prostituição, mas os escritos produzem velhos estereótipos sobre as mulheres ora identificadas com a imagem mariana e por vezes abandonadas ora como loucas, meio idiotas e produtoras de alguma desgraça em seu meio social. As escolhas das personagens por novas subjetividades aparecem em algumas mulheres como em Rita Baiana. As escolhas de outras são infortúnios que dificilmente as tornariam felizes como a personagem Pombinha que rompe com os vínculos do casamento para viver de esmolas na prostituição. A maioria das mulheres possui um desfecho de infelicidade, má sorte, tristes, sem ânimo para viver e por ocasiões bêbadas. (…)
>
> O Cortiço representa a visão androcêntrica do narrador alheio ao contexto no qual brotavam reivindicações de mudanças entre os gêneros cujas raízes desdobravam em ação de diferentes mulheres no país como Nísia Floresta, entre outras. Embora o narrador representasse as adversidades na construção do feminino ele essencializa o corpo biológico em relação ao gênero e, às vezes, de etnicidade.[46]

Outra historiadora, ao investigar uma questão bem atinente ao campo da Sociologia da literatura ou da História intelectual – o porquê da boa recepção de *O Cortiço*, em contraste com outras obras naturalistas de menor acentuação da questão erótica – ex-

---

[46] ZIMMERMANN, Tânia. "Relações de gênero e situações de violência no romance "O Cortiço", de Aloísio Azevedo". *Revista Cordis: Revista Eletrônica de História Social da Cidade*, 2011, p. 14.

plicitará bem os efeitos da incorporação arbitrária e abusiva do aparato analítico foucaultiano, ao reduzir a obra a simples função da hegemonia discursiva dos grupos dominantes, em particular, a medicina higienista. Apresentaremos com mais vagar o seu texto por ser uma publicação bastante recente, do ano de 2011, o que, por sua vez, sugere a atmosfera a que estamos nos referindo de ajustamento aos modismos teóricos, e ilustrativo daquele que tem hegemonia, no campo da História.

A exposição do seu problema se dá nos seguintes termos:

> Da mesma forma que outras obras do período que eram mal vistas especialmente pelo seu conteúdo erótico, "O Cortiço" utilizou-se de recursos em sua narrativa que expunham a sexualidade humana, especialmente nos seus aspectos considerados doentios. No entanto, não pesaram sobre a obra os mesmos questionamentos sofridos por outros autores, por vezes muito menos explícitos ao retratar o desejo e animalidade do sexo. Esse caráter particular pelo qual a obra foi lida em seu tempo é que instigou a confecção desse artigo, em que se vai procurar responder ao questionamento: por que "O Cortiço" num quadro de recepção que tratava com desconfiança as obras Naturalistas, fora aclamado com unanimidade pela crítica literária do período?[47]

Em princípio, a questão apresentada se mostra relevante, própria aos campos da Sociologia da literatura ou da História intelectual, mesmo que tenha sua formulação calcada numa in-

---

47 SANTOS, Fernanda Cássia dos. "'O Cortiço' e o erotismo no romance naturalista brasileiro". *História e-história*, 2011, s/p.

correção, a saber, que *O Cortiço* "fora aclamado com unanimidade pela crítica literária do período", pois o contrário é verdadeiro, e José Veríssimo, maior expoente da crítica literária do período, por exemplo, era avesso ao Naturalismo. Houve sim boa recepção popular do romance. Apesar deste deslize, a questão parece ainda razoável e a autora procura, aparentemente, se resguardar metodologicamente ao indicar que

> A análise histórica, por não estar interessada em realizar julgamentos a respeito do valor literário de uma obra ou de outra, pode localizar no tempo tanto o fenômeno de eleição de um determinado texto, quanto o de subordinação ou de esquecimento de outros.[48]

Todavia, ao procurar contextualizar o período, como recurso necessário à busca dos indícios que permitam responder à indagação proposta, a autora centra-se nas representações sociais da "elite brasileira" em seu "projeto de construção de uma identidade nacional para o país", a medicina higienista receberá ênfase por ela neste plano, e daí extrai o ponto nodal para suas inferências a respeito de Aluísio Azevedo e sobre o conteúdo e significado de *O Cortiço* no tocante ao erotismo.

Numa caracterização inicial se pode ler:

> Os homens de letras que escreveram ao longo de todo o século XIX, como parte integrante da elite brasileira, estiveram empenhados no projeto de construção de uma identidade nacional para o país. O Brasil que se pretendia construir, no entanto, deveria ser identificado às nações européias, superando o atraso adquirido

---

48 *Ibidem*.

em função da colonização. Neste contexto, o homem do campo e as populações citadinas pobres foram relacionados com o atraso, com a preguiça e com a incapacidade (…)

Foi esse pensamento excludente que justificou a realização das reformas urbanas, as proibições de manifestações populares tais como os cordões carnavalescos e as práticas higienistas voltadas à profilaxia forçada das classes populares. *A descrição das características das populações pobres realizada por Aluísio Azevedo serve a este projeto, na medida em que o cortiço é retratado como o grande culpado pela degradação moral dos indivíduos que ali residem.*

A questão da imoralidade, tal qual é posta por Aluísio Azevedo em "O Cortiço" obedece aos critérios da medicina higienista.

Há um determinismo latente relacionado ao cortiço de modo que os habitantes degeneram-se irremediavelmente. Esta é uma das características básicas do próprio Naturalismo, que carrega a idéia determinista de raça e do meio na construção do temperamento das personagens. A degradação moral é inevitável, como demonstra a perversão de Jerônimo por Rita Baiana. Neste sentido, estabelece-se um discurso sobre uma sexualidade fatal e doentia. Não é possível resistir aos desejos, de forma que a sexualidade é tida como essencialmente instintiva.

Na narrativa de Aluísio Azevedo homens e mulheres são relacionados a animais, em conformidade com o ideal anti-romântico de despersonalização das personagens. O texto se reporta ao lado fisiológico dos homens e mulheres, destituindo-lhes da racionalidade e transformando-os em machos e fêmeas (...)[49] (grifo nosso).

De par ao processo de modernização pelo qual o Brasil passava, a medicina higienista é, pela autora, erigida na força determinante da moralidade sexual na época e, por extensão, fonte explicativa das sendas eróticas representadas literariamente por Aluísio em O Cortiço.

> *Num contexto em que a medicina higienista passou a defender um padrão de moralidade sexual com vistas a evitar a proliferação de doenças venéreas, "O Cortiço" desenha o retrato do desregramento das classes populares.* Há um descuido neste sentido, com a higiene nas práticas sexuais. Faz-se sexo ao ar livre, em meio ao mato, sob as árvores. Não existe o cuidado com a intimidade, pregada pela sociedade burguesa. Na concepção de Aluísio Azevedo, essa sexualidade doente é mais um dos frutos de uma sociedade contaminada, que precisa ser superada, para que se atinja a civilidade requisitada pelo projeto de modernização e reforma da cidade do Rio de Janeiro.[50] (grifo nosso)

E conclusivamente ao questionamento que motivou sua pesquisa, a historiadora entenderá a boa acolhida do romance de Azevedo como resultante do fato de O Cortiço ser um retrato fiel das representações dominantes da elite brasileira, em particular as da sexualidade, em conformidade ao projeto higienista.

---

49   *Ibidem.*

50   *Ibidem.*

> Por certo, os naturalistas não escolheram classes sociais para descrever e a maioria das narrativas centrou-se no interior das classes mais elevadas. No entanto, parece significativo observar que "O Cortiço", ao retratar a degradação moral no interior de classes populares não sofre acusações de falta de verossimilhança. Para as classes populares, o desregramento moral e os aspectos patológicos de uma sexualidade são naturalizados, convencem bem os leitores-críticos literários. Por outro lado, a ocorrência dos vícios sexuais e o fatalismo naturalista, quando ambientados entre a elite, são acusados de carecerem de vínculos com a realidade.
>
> Nisto talvez esteja uma pista para explicar a unanimidade em torno de "O Cortiço". Além da estruturação textual, como se demonstrou anteriormente, *o livro estava em perfeita conformidade com o projeto higienista que considerava que as habitações populares ofereciam grandes riscos à saúde física e moral do meio urbano*. Se compreendermos o modo como os pobres foram considerados um risco para o projeto de civilidade que se pretendia implantar no meio urbano da cidade do Rio de Janeiro, é possível perceber que a doença moral quando localizada entre os pobres é verossímil e não causa escândalo aos homens de letras ocupados em escrever críticas aos jornais.[51] (grifo nosso)

Antes de entrar no mérito das interpretações arroladas, definir o lugar social de nossa análise, de antemão, já diz bastante das precauções contra abusos analíticos e qual tratamento pretendemos dar à posição e significado de *eros* no romance azevediano.

---

51   *Ibidem*.

De modo demasiado despretensioso, nosso propósito é recuperar algumas reflexões teórico-metodológicas que permitam o estudo da relação entre espacialidade e erotismo, a partir da obra de arte, sob uma perspectiva histórica e literária. Deste modo, pelo que se pode notar, o esforço analítico exigido é maior, porém acreditamos que o cruzamento entre as perspectivas histórico e estética é quem permitirá a mais rica e complexa captura de uma obra que ainda contemporaneamente é alvo de simplificações e julgamentos que, amiúde, descuidam da mesma como fenômeno não apenas social, mas artístico.

Considerando que o *corpus* de nossa investigação é uma obra literária, adotaremos a fecunda orientação metodológica de Antonio Candido.[52] Em sua acepção, no que se preste a análise literária, é necessário desviar-se dos extremos: 1. Considerar a obra como simples duplicação da realidade, posto que o trabalho plasmador fique reduzido a um registro sem grandeza; 2. Capturar a obra como objeto manufaturado com arbítrio soberano, cujo sentido se exprime à medida que se desvincula da realidade. Segundo ele,

> (...) seria melhor a visão que pudesse rastrear na obra o mundo como material, para surpreender no processo vivo de montagem a singularidade da fórmula segundo a qual é transformado no mundo novo, que dá a ilusão de bastar a si mesmo. Associando a ideia de *montagem*, que denota artifício, à de *processo*, que evoca a marcha natural, talvez seja possível esclarecer a natureza ambígua, não apenas do texto (que é e não

---

[52] CANDIDO, Antonio. *O discurso e a cidade*. São Paulo: Duas Cidades, 1993; CANDIDO, Antonio. *Literatura e sociedade: estudos de teoria e história literária*. São Paulo: T.A Queiroz, 2002.

é fruto de um contacto com o mundo), mas do seu artífice (que é e não é um criador de mundos novos).[53]

Apontamos esta diretividade teórico-metodológica, em vista da consideração de a análise histórica "não estar interessada em realizar julgamentos a respeito do valor literário de uma obra ou de outra",[54] que, apesar de legítima tal como é o campo de atuação da sociologia da literatura, por exemplo, não sazonalmente acaba utilizando a obra literária – fonte legítima da pesquisa historiográfica – em simples pretexto para a caraterização de uma dada temporalidade e, deste modo, implicitamente acentuando a primeira das perspectivas extremadas apontadas anteriormente. O alerta de Antonio Candido, nesse sentido, é digno de ser recobrado:

> (...) a literatura, como fenômeno de civilização, depende, para se constituir e caracterizar, do entrelaçamento de vários fatores sociais. Mas, daí a determinar se eles interferem diretamente nas características essenciais de determinada obra, vai um abismo, nem sempre transposto com felicidade.[55]

Os nexos entre literatura e sociedade, em particular a história, nem sempre são de fácil penetração. Porque, de um lado, se se é pacífica a compreensão da determinação social da obra, de outro, isto frequentemente é levado a termo pela redução da obra à expressão de certo aspecto da realidade, desconsiderando a própria obra enquanto uma totalidade dialética, em que o *externo*

---

53 Idem. *O discurso e a cidade*. São Paulo: Duas Cidades, 1993, p. 124.
54 SANTOS, Fernanda Cássia dos, *op. cit.*
55 Idem. *Literatura e sociedade: estudos de teoria e história literária*. São Paulo: T.A Queiroz, 2002, p. 12.

(o social) importa, não todavia como causa ou significado, mas como elemento que desempenha um certo papel na constituição da estrutura, convertendo-se, pois, em fator *interno*.[56] Neste caso, isto pode se tornar ainda mais difícil quando se avalia uma obra de um estilo literário que se constitui francamente na recomposição verossimilhante da dramaticidade da realidade, tal como é o estilo naturalista.

Antonio Candido, em consonância à sua proposta metodológica, argumenta:

> (...) embora filha do mundo, a obra é mundo, e que convém antes de tudo pesquisar nela mesma as razões que a sustêm como tal. A sua *razão* é a disposição dos núcleos de significado, formando uma combinação *sui generis*, que se for determinada pela análise pode ser traduzida num enunciado exemplar. Este procura indicar a fórmula segundo a qual a realidade do mundo ou do espírito foi reordenada, transformada, desfigurada ou até posta de lado, para dar nascimento a outro mundo.[57]

De um lado, o que se revela é que existe um condicionamento social da obra e, por isso mesmo, se impõe rastrear os elementos históricos que atuam no compósito da cosmovisão do artista, mas, de outro, é prudente notar como o mundo é ressignificado, transfigurado, quando plasmado na obra.

Neste passo, para efeito de nossa empreita, o ensaio se divide em dois grandes momentos, mesmo que não exaustivamente. A primeira parte "Da obra ao mundo: modernização brasileira no Rio de Janeiro em fins do *Dezenove*" tem o propósito de traçar a

---

56   *Ibidem*.
57   *Idem O discurso e a cidade*. São Paulo: Duas Cidades, 1993, p. 123-124.

configuração histórica em que se situa Aluísio Azevedo na produção de O Cortiço. O Rio de Janeiro marca um momento decisivo na instituição da sociabilidade brasileira em virtude do processo de consolidação do capitalismo no Brasil, em que as transformações urbano-industriais incidem fortemente sobre as *paisagens sociais*. São importantes as mudanças econômicas e políticas e seu papel na redefinição de uma nova topografia social, mediadas decisivamente por uma rede discursiva, em que daremos destaque às teorias que preconizam um ideário civilizador, em sua correlação à moral sexual. O dispositivo de sexualidade se mostra bastante operatório neste período, acompanhando a torrente modernizadora, e passará de modo estreito pelas redefinições espaciais no projeto de cidade burguesa delineado. Procuraremos mostrar o lugar das habitações coletivas e cortiços sob o efeito de tais transformações. Haverá um diálogo, sempre que possível, com a obra.

A partir daí, na segunda parte "Em busca do mundo da obra: espaço e erotismo n'*O Cortiço*", nosso esforço é rastrear internamente pelo romance o significado que a questão erótica apresenta em sua articulação à totalidade da obra. Intentaremos apresentar, à luz de Antonio Candido, qual o eixo da obra e como é a partir deste eixo que se precisa apanhar a questão erótica e seu nexo com a questão espacial. Mediante uma teoria filosófico-literária, como fio condutor, se verificará o contraste de nossa interpretação com as que estamos pondo em xeque. Nesta contextura, defenderemos que a análise histórica pelo uso da literatura como fonte não pode prescindir da estética como veículo para apanhar o sentido mais profundo e integral da obra de arte no que ela tem a contribuir com a elaboração da "narrativa" histórica.

DA OBRA AO MUNDO

Modernização brasileira no Rio de Janeiro
em fins do *Dezenove*

"UMA CAVALGADURA CARREGADA DE DINHEIRO": ECONOMIA NO RIO DE JANEIRO OITOCENTISTA

Entretanto, a rua lá fora povoava-se de um modo admirável. Construia-se mal, porém muito; surgiam chalets e casinhas da noite para o dia; subiam os alugueis; as propriedades dobravam de valor. Montára-se uma fabrica de massas italianas e outra de velas, e os trabalhadores passavam de manhã e ás Ave-Marias, e a maior parte deles ia comer á casa de pasto que João Romão arranjara aos fundos da sua venda. Abriram-se novas tavernas; nenhuma, porém, conseguia ser tão afreguezada como a delle. Nunca o seu negocio fora tão bem, nunca o finório vendera tanto; vendia mais agora, muito mais, que nos anos anteriores. Teve até de admittir caixeiros. As mercadorias não lhe paravam nas prateleiras; o balcão estava cada vez mais lustroso, mais gasto. E o dinheiro a pingar, vintém por vintém, dentro da gaveta, e a escorrer da gaveta para a burra, aos cincoenta e aos cem mil réis, e da burra para o banco, aos contos e aos contos.[1]

---

1 AZEVEDO, Aluizio. *O Cortiço*. 1ª ed. Rio de Janeiro: Garnier, 1890, p. 23-24.

O Cortiço conta a história do vendeiro português João Romão, que ascende socialmente através de sua estalagem na medida em que explora a ferro e fogo as famílias trabalhadoras que lá habitam. É notável uma metamorfose poderosa tanto em João Romão, em sua conversão a inescrupuloso capitalista, quanto na própria habitação, que parece ter vida própria. O contexto histórico tem que ver com as aceleradas transformações vividas no país e sentidas diretamente na então capital federal, onde passávamos de um regime escravagista ao assalariamento, da Monarquia à República, e que atingia sobremaneira uma enorme população trabalhadora socialmente à margem na cidade carioca.

Empregamos a categoria de *modernização* como síntese de um processo complexo de transfigurações econômicas, políticas, urbanas e culturais que passa a sociedade brasileira à época, e que têm no Rio de Janeiro o *lócus* privilegiado por que passam e são introduzidas tais mutações sociais, visto ser ali a capital do país. Modernização evoca uma mudança instituída na materialidade econômica que, ao ser lapidada conforme a típica estrutura capitalista, promoverá uma substancial reorganização do espaço urbano e das relações sociais, cuja mediação direta está nas classes sociais em seu jogo conflituoso e disputas mais ou menos abertas. Com efeito, para articular e assegurar esta redefinição nas relações de exploração e dominação, as classes dominantes mobilizarão uma rede de representações antinômicas à cidade "colonial", pestilenta e suja, antiestética e degenerada, para, numa atualização conservadora, nutrir ideologicamente a perspectiva de uma cidade civilizada, em conformidade à renovação urbana em marcha. Este componente é, também, chave no mapa da "modernização".

Assistimos no período em questão, nos inícios do século XIX, a um progressivo declínio do estatuto colonial da cidade do Rio de Janeiro posto que, em nível mundial, eventos históricos de largo alcance se desenvolviam, não sem influência decisiva para os rumos da América e do Caribe em seu conjunto. Contamos a revolução industrial inglesa e a consolidação da indústria capitalista sedenta por novos mercados, a queda dos antigos impérios coloniais, o imperativo do livre cambismo e destruição das amarras monopolísticas à circulação de mercadorias em escala mundial, a decadência do *ancien regime*, com o ciclo das revoluções burguesas e as guerras napoleônicas, sem falar na independência dos Estados Unidos, como fatores essenciais à reconfiguração da geopolítica global, em particular o domínio europeu face aos povos não europeus.[2]

O Brasil é integrado ao mercado mundial nos primeiros decênios do século, através dos tratados comerciais assinados com a Inglaterra, em 1810 e 1822, que compreendiam também outras nações, mas favoreciam diretamente à Inglaterra em seu triunfo com a nascente grande indústria capitalista. O processo é impulsionado quando da chegada da corte portuguesa ao Brasil, com sua numerosa comitiva de cerca 15 mil pessoas, numa cidade que se estimava possuir 50 mil habitantes. A fidalguia que acompanhou o rei na fuga estava desejosa de empregos públicos e pensões, e formou o alicerce administrativo do novo Estado. A capital da colônia foi tornada sede do reino, e em seguida império, num célere processo de crescimento. Uma das medidas que fragilizaram mais agudamente a cidade escravista e o pacto colonial foi a abertura dos portos, que permitiu uma intensa atividade comercial e um verdadeiro "dilúvio de

---

2   BENCHIMOL, Jaime Larry. *Pereira Passos: um Haussmann tropical. A renovação urbana da cidade do Rio de Janeiro no início do século* XX. Rio de Janeiro: Secretaria Municipal de Cultura, Turismo e Esportes, Departamento Geral de Documentação e Informação Cultural, 1992.

mercadorias"³ quedou na cidade carioca, desmantelando a precária produção manufatureira interna.⁴

É necessário notar que, se é verdade que o processo de urbanização no Rio de Janeiro ocorrerá ainda no século XVIII por força das atividades da mineração nas Minas Gerais e na consequente intensificação do fluxo de ouro e outros produtos como tabaco e açúcar pelo porto carioca, a exemplo da abertura e calçamento de ruas, aterramento de áreas pantanosas, a iluminação pública com candeeiros tremulantes de azeite de peixe, a construção do refinado sistema de abastecimento de água articulado ao robusto aqueduto da Carioca, é o processo de industrialização posto em marcha no século XIX quem permitiu a costura do *tecido urbano*, à maneira do simbiótico *duplo processo* que marca a sociedade burguesa, como acentua Lefebvre,⁵ o par industrialização-urbanização.

O século XIX é, pois, decisivo no tocante às modificações acentuadas na economia brasileira, numa nova etapa de sua evolução que tem indiscutível influência na presença da corte na cidade fluminense, ainda que se mantivesse o modelo econômico agrário-exportador. Estabelecida uma burocracia metropolitana e de comerciantes estrangeiros, principalmente ingleses, a função portuária e centralizadora da cidade a elevou a uma posição estratégica nos campos da economia e das decisões políticas.⁶

---

3   *Ibidem*, p. 23.

4   *Ibidem*.

5   LEFEBVRE, Henri. *O direito à cidade.* Tradução Rubens Eduardo Frias. São Paulo: Centauro, 2001, p. 16.

6   CARVALHO, Lia de A. *Contribuições ao estudo das habitações populares. Rio de Janeiro (1886-1906).* Rio de Janeiro: Prefeitura da Cidade do Rio de Janeiro, 1995, p. 117.

A segunda metade do século marcará uma realocação das atividades produtivas do país, geográfica e economicamente. A conjuntura internacional levará ao declínio as tradicionais lavouras de cana de açúcar e algodão do Norte do país, permitindo a emergência de uma nova cultura – o café –, agora no Centro-Sul, momento em que teremos a fase áurea do Vale do Paraíba. Além dos novos produtores que despontaram no mercado mundial, como de países europeus e EUA, ampliando a concorrência e fazendo o Brasil ser deslocado de sua posição destacada naquelas culturas, se soma à decadência do Norte a interrupção do tráfico de escravos em 1850 e o esgotamento do solo das regiões em questão.[7]

A próspera economia cafeeira do Vale do Paraíba encontrou resguardo no término do tráfico, na medida em que se potencializou o tráfico interprovincial de escravos, transação que se impôs para os senhores de engenho do Norte e Recôncavo Baiano liquidarem suas dívidas. Ao mesmo tempo em que as grandes plantações cafeeiras do Vale absorviam tais estoques derradeiros de escravos, abriu-se vereda para a massificação do trabalho assalariado no Rio de Janeiro e demais centros urbanos do litoral, seja na esfera da produção seja na da circulação. Empregou-se o trabalho assalariado na construção e movimentação das ferrovias, nos melhoramentos portuários, nos serviços urbanos, isto é, nas patentes evidências da "modernização" da capital do império escravista.[8]

A prosperidade do Vale do Paraíba foi, no entanto, transitória. As exigências de um sistema de exportação agudo e descuidado levaram ao rápido esgotamento do solo e em decorrência o depauperamento da cultura cafeeira naquela região. Em substituição,

---

7 *Ibidem*, p. 118.

8 BENCHIMOL, Jaime Larry, *op. cit.*, p. 43-44.

outra paragem tomou dianteira e ganhou hegemonia na produção cafeeira, em virtude de seus solos extremamente férteis – a terra roxa – e sua geografia propícia de relevo uniforme e baixa declividade: o Oeste paulista. Aliado a isto, a resolução dada à questão da força de trabalho na empresa agrícola cafeeira de São Paulo, com a imigração massiva assistida pelo próprio Estado, mais a migração das levas de trabalhadores da estagnada região paraibana, pôs o Oeste paulista na condição de maior produtor de café do país.[9]

Este processo afetará a economia do Rio de Janeiro levando a modificações nas funções da cidade. Sem perder sua centralidade no que tange às atividades portuárias, notar-se-á refluírem investimentos para outros setores da economia, que estimularão o mercado interno e diversificarão e aumentarão a produtividade. Neste contexto, haverá um desenvolvimento das forças produtivas e sua inserção decisiva na lógica mercantil em nível internacional, mediante a

> criação de companhias e sociedades, o estabelecimento de estradas de ferro e empresas de navegação a vapor, a instalação de manufaturas e o desenvolvimento das diversas modalidades de comércio.[10]

A penetração de capitais estrangeiros, mediados pelo Estado, participa ativamente do perecimento do sistema colonial, haja vista os limites que este impunha à liberdade de comércio e à autonomia administrativa, pondo em ruína, por conseguinte, "a lógica de ocupação do espaço na cidade escravista".[11]

---

9   CARVALHO, Lia de A., *op. cit.*, p. 119.

10 *Ibidem.*

11 BENCHIMOL, Jaime Larry, *op. cit.*, p. 30.

Assinala Benchimol:

> A ampliação do mercado internacional e as ofensivas do imperialismo tiveram como um de seus pressupostos básicos a modernização de economias periféricas como a brasileira, que foram aparelhadas para responderem aos novos fluxos de matérias-primas e produtos industrializados requeridos pela acumulação do capital em escala mundial.[12]

As vias fundamentais para esta injeção modernizadora estão nos empréstimos contraídos pelo Brasil neste período e, especialmente, em investimentos diretos, com destaque para o setor de serviços. Oswaldo Porto Rocha argumenta ter ocorrido à época "uma estreita associação entre o crescimento urbano e o desenvolvimento dos meios de transporte".[13] De um lado, a exigência dos empresários para a criação da malha viária necessária à articulação dos principais pontos da área central da cidade, com fins ao transporte do café. Destaca-se aí a pioneira Cia. Locomotora fundada por Antônio Vitor de Assis Silveira para explorar a concessão imperial obtida em 20 de dezembro de 1865, precedente então à *Botanical Garden Rail Road*, destacada companhia estadunidense que explorou concessões imperiais neste âmbito de serviços. De outro lado, assistiremos ao desenvolvimento dos meios de transporte a partir do seu estreito vínculo com a especulação imobiliária, cujo interesse em ligar bairros e freguesias, passava necessariamente pelas atividades das companhias de transporte, visto que estas

---

12   *Ibidem*, p. 41.
13   ROCHA, Oswaldo P. *A era das demolições: cidade do Rio de Janeiro (1870-1920)*. Rio de Janeiro: Prefeitura da Cidade do Rio de Janeiro, 1995, p. 28.

possuíam as obrigações, definidas nos decretos de concessão, de alargar e calçar ruas, aterrar mangues, construir pontes, e fazer a manutenção das vias.

É preciso notar, entrementes, o uso restritivo destes meios de transporte, que de longe atingia a maioria, a exemplo do episódio no cortiço em que, após a invasão policial e o incêndio na estalagem de João Romão, este, intimado a depor na polícia, vai junto de uma falange de moradores prestar queixa ao subdelegado e todos se deslocam a pé pela cidade, como fazia a maior parte das massas trabalhadoras. No fim do romance, quando João Romão, já investido capitalista, frequenta a Rua do Ouvidor, espaço material e simbólico que segrega grupos e classes, aí sim o faz usando o bonde.

A importância que os meios de transporte vão adquirir, em compasso à exploração capitalista de outros serviços urbanos como a rede de esgoto e a coleta de lixo, passa naturalmente por um fator precedente de grande monta: a surpreendente elevação demográfica. Entre 1872 e 1890, a população passou de 226 mil para 522 mil habitantes, o que representa quase o dobro.[14]

Este assoberbamento demográfico se deve, primeiramente, ao alto índice de ex-escravos que se estabeleceram na cidade em busca de inserção no mercado de trabalho sem ocupação definida, e, em segundo lugar, ao considerável contingente de imigrantes, ao qual já indicamos as motivações para seu deslocamento ao país, que chegaram a representar 40% da força de trabalho na capital federal.[15]

---

14 KOK, Glória. *Rio de Janeiro na época da Av. Central*. São Paulo: Bei Comunicação, 2005, p. 16.

15 *Ibidem*, p. 17-18.

Na década de 1880-1890, período em que Aluísio Azevedo escreverá *O Cortiço*, teremos o pico do crescimento populacional tomado em média anual, equivalente a 4,54%. Uma demasiada força de trabalho, aliada ao desordenado crescimento da cidade sob a égide da especulação imobiliária, implicou num notável excedente que não fora absorvido pelas atividades econômicas principais: o comércio, a indústria, a atividade portuária e os serviços públicos. Como corolário, grande parte das camadas trabalhadoras vivia em condições bastante precárias.[16]

Nesta contextura, nos deparamos com "uma fenomenal ruptura ética na história das relações entre homens e mulheres",[17] posto que "na transição do século XIX para o XX, o país foi inoculado pelo dinamismo que atingia a economia internacional".[18] Neste passo, o movimento aproximativo às transformações na então capital federal da nascente República é essencial para a reconstrução do quadro histórico em que inevitavelmente precisamos situar a obra e os elementos concernentes a esta "ruptura ética". A despeito destas transformações e sua correspondência no interior d'*O Cortiço*, Erson Martins de Oliveira assevera:

> (…) o centro dinâmico das transformações ali residia [Rio de Janeiro, V. B.], com a ascensão da economia cafeeira, urbanização e choques políticos. A escravidão chegava ao fim, enquanto sistema dominante. Crescia o comércio. A indústria dava seus primeiros passos. E, como não podia deixar de ser, formou-se

---

16 *Ibidem*.

17 PRIORE, Mary Del. *História do amor no Brasil*. São Paulo: Contexto, 2006, p. 236.

18 *Ibidem*.

uma população trabalhadora profundamente oprimida. Compunha-se num só espaço e numa só unidade o pólo da riqueza crescente e da pobreza dos cortiços. A efervescente urbanização da metrópole se assentava numa nova massa popular, cuja existência nos acantonados cortiços marcava a transição de época. A obra romanceia o nascimento, desenvolvimento e transformação do cortiço dominado pelo vendeiro João Romão.[19]

"DO INFERNO DA CASA PARA O PURGATÓRIO DO TRABALHO E VICE-VERSA!": CORTIÇOS E HABITAÇÕES POPULARES

Como podemos notar, o adensamento populacional influiu sobremaneira na expansão do mercado de habitações e, dada a avalanche especulativa e a precariedade material das classes trabalhadoras, levou a uma qualidade de vida ignominiosa para estas camadas pobres, algo expresso nas precaríssimas habitações coletivas em que residiam.

Aluísio Azevedo manifesta preocupação com a problemática habitacional anos antes da produção d'*O Cortiço*, numa crônica intitulada "Casas de Cômodos".[20] Nela, em tom xenófobo inegável e pouco afeto à política estatal de estímulo à imigração, Aluísio se dirige aos "forasteiros" portugueses que faziam fortuna no país à custa das massas laboriosas e desvalidas, visto que "aqui a especulação velhaca produz muito mais do que o trabalho honesto", e considerando que "há mais quem habite do que onde habitar", o

---

19 OLIVEIRA, Erson Martins de. "Uma vida em cortiço". In: AZEVEDO, A. *O cortiço*. São Paulo: FTD, 1993, p. 11.

20 AZEVEDO, Aluizio. "Casas de cômodos". In: _____. *O touro negro (crônicas e epistolário)*. 1ª ed. Rio de Janeiro: F. Briguet e Cia, 1938.

"dono da casa de cômodos" pôde "fariscar os meios de, sem nada fazer, fazer dinheiro".[21]

O público desta classe de moradia é heterogêneo, apesar de ser comum na penúria material, ao que Azevedo segue a listar quem são estes "magros lutadores pela vida":

> estudantes pobres, carteiros e praticantes do correio, repórteres de jornais efêmeros, moços de botequim, operários de tôdas as profissões, comparsas e figurantes de teatro, pianistas de contrato por noite, cantores de igreja, costureiras sem oficina, cigarreiros sem fábrica, barbeiros sem loja, tipógrafos, guarda-freios, limpa--trilhos, bandeiras de bondes.[22]

A verdade é que um tal contingente demográfico, e o problema de habitação por ele gerado, não será sanado com a expansão de cortiços, estalagens, casas de cômodos, ou mais tarde as vilas operárias, afinal de contas, o que está em curso é um fenomenal processo de expropriação dos meios de vida da classe dos produtores e uma concentração acintosa de capitais, que torna a questão da habitação, subordinada à lógica de acumulação, irresolvível no quadro da sociabilidade burguesa.

No romance, Aluísio desenvolve a narrativa acentuando o contraste, na medida em que duas camadas sociais antagonizam seus modos de vida, como a moradia, as práticas cotidianas, o trabalho e o lazer. A trama se desenrola no recente bairro do Botafogo, em processo de urbanização, onde os conflitos vêm à lume em função da contiguidade dos dois grupos, separados, no entanto,

---

21 *Ibidem*, p. 28.

22 *Ibidem*, p. 29.

por um muro em que, de um lado, se tem o suntuoso sobrado do comendador luso Miranda e sua família, e do outro a depauperada habitação coletiva, o cortiço de propriedade de João Romão, amasiado com a escrava Bertoleza.

Em *O Cortiço*, secção e microcosmo que traz consigo os elementos da totalidade do social, temos a possibilidade de apanhar a realidade em que a sociedade brasileira se encontra, através dos moradores da capital, as personagens representadas no romance. Mesmo sem reduzir a obra a um romance documentário, tanto as personagens quanto o espaço físico por onde suas ações transcorrem, tornam possível traçar o panorama da cidade e a condição de crise que se vivenciava à época, visto que estes estão

> espremidos entre o mar das praias – Lapa, Saudade, Botafogo – e a montanha, das pedreiras de São Diogo (no Centro da cidade) e Botafogo, nas quais trabalha o cavouqueiro português Jerônimo, egresso do trabalho rural a que não se adaptara.[23]

O *lócus* da crise habitacional é o centro do Rio de Janeiro. O sentido desta crise consiste na escassez das habitações para a gente pobre, enraizando-se como problema agudo na vida urbana fluminense. Sua emergência ocorrerá entre 1850-1870, sendo esgarçada decênios a dentro e agudizada com as reformas urbanas haussmanianas no início do século XX com o prefeito Pereira Passos.

Situar a singularidade deste período no centelhamento da crise vem assinalar o andamento da transição: a decomposição do processo de trabalho colonial e do *modus vivendi* na cidade escravis-

---

[23] VASSALLO, Ligia. "*Cortiço* e a cidade do Rio de Janeiro". *Ipotesi*, UFJF - Juiz de Fora - MG, v. 4, p. 103-110, 2000, p. 105.

ta para a consolidação do trabalho assalariado e do *modus faciendi* da cidade capitalista. Os pressupostos de cada sociabilidade, e a configuração da habitação em cada uma, são bem distintos.

Ora, a forma de reprodução social da força de trabalho do escravo difere em demasia da reprodução social do assalariado.[24] Na condição de propriedade direta do senhor, o escravo tem na habitação um item essencial à manutenção de sua força de trabalho, mas sob uma forma não mercantil. A rigor, o escravo não possui uma casa, nem enquanto propriedade, arrendamento ou posse. Para ele, a casa existe como propriedade do senhor. A sua reprodução biológica é gerida e assegurada pelo senhor, tal como se garantiria a reprodução de um bovídeo ou qualquer outro animal.

> Em tese, na cidade escravista, o escravo não gere sua vida; não trabalha para sua existência, que não lhe pertence. (...) a continuidade da relação senhor/escravo depende da coação física direta, e a habitação inclui-se entre as formas de coação exercidas sobre o escravo.[25]

Na cidade capitalista, o assalariado trabalha para satisfazer suas necessidades, é "escravo" de suas necessidades, e, desta forma, precisa vender-se diariamente em troca de salário, assegurando assim a relação capitalista de produção e o volume de sobretrabalho requerido pelo capital, na medida em que está sujeito a este mecanismo

---

24   Não estamos desconsiderando a diferença entre o escravo doméstico e o escravo de ganho e de aluguel, visto que o primeiro representa a forma típica do regime colonial a que estamos nos referenciando, enquanto que as duas seguintes já exprimem um estágio intermediário que se vai aproximando da forma típica assalariada do regime capitalista na reprodução social da existência. Mais a respeito ver cap. 7 de BENCHIMOL, Jaime Larry, *op. cit.*

25   BENCHIMOL, Jaime Larry, *op. cit.*, p. 125.

econômico que o coage a trabalhar. A habitação, neste contexto, é o lugar da reprodução da força de trabalho, e pressupõe a concentração espacial de enorme contingente de trabalhadores que dispõe tão somente de sua capacidade de trabalho. A relação de compra e venda de força de trabalho no mercado permitirá ao assalariado satisfazer suas necessidades reprodutivas elementares, constituindo a habitação uma destas necessidades, não obstante estar imersa na ciranda mercantil. Desta forma, com acerto diz Benchimol,

> A habitação é um produto – que supõe um determinado processo de produção – vendido ou arrendado como mercadoria por um conjunto de proprietários, para os quais ela representa uma fonte de acumulação de natureza mercantil ou comercial.[26]

A extinção do tráfico, e a consequente desarticulação da escravidão urbana, com a incapacidade do regime de propriedade urbana senhorial em atender às novas exigências sociais, fez irromper a crise habitacional, *pari passu* à elevação demográfica, que teria zênite com o fluxo de imigrantes e a abolição da escravidão mais tarde, e ao quadro dramático de surtos epidêmicos. As alterações econômicas, com a inserção progressiva do trabalho assalariado e do regime capitalista, incidiram severamente sob a dinâmica da habitação, no contexto de remodelação do espaço urbano como um todo.

A carestia generalizada de habitações, e o vácuo do Estado no que rege a determinadas atividades tornadas públicas mas que eram antes consideradas como de domínio privado na cidade colonial,[27]

---

26 *Ibidem*, p. 124.

27 Atividades de saneamento eram consideradas da esfera privada como, por exemplo, o destinamento dos dejetos. Note-se que o adensamento popu-

abriu caminho para o capital deitar raízes indisfarçadamente. Cito novamente Benchimol, quando comenta:

> Observa-se, nitidamente, a rápida configuração de um vazio entre um Estado com atribuições ainda limitadas sobre o espaço "público" da cidade e as exigências dramáticas colocadas pelo crescimento urbano, no contexto da transição do trabalho escravo para o trabalho assalariado. Nesse vazio, instalou-se o grande capital.[28]

Neste universo, as habitações coletivas – cortiços, estalagens, casas de cômodos, as avenidas, as vilas operárias, ou mesmo favelas – se multiplicavam e iam se desenhando como alternativas inescapáveis para as classes trabalhadoras. "Havia grande avidez em alugal-as", afinal, "ficavam a dous passos da obrigação",[29] sem falar no fato de que os valores dos aluguéis cobrados se tornavam cada vez mais impraticáveis para esses segmentos populares.

> Por habitações coletivas entendiam-se oficialmente aquelas que, dentro do mesmo terreno ou sob o mesmo teto, abrigavam famílias distintas que se constituíam em unidades sociais independentes.[30]

---

lacional e a crise sanitária que se instalou em razão da precária condição de higiene das moradias, fez soar um reclamo cada vez maior para a intervenção dos poderes públicos em seras antes de execução privada, como sistema de esgotos ou a construção de habitações. Entretanto, a atuação estatal aparece frequentemente em situações de emergência e de crise.

28 *Ibidem*, p. 129-130.

29 AZEVEDO, Aluizio. *O Cortiço*. 1ª ed. Rio de Janeiro: Garnier, 1890, p. 25.

30 CARVALHO, Lia de A., *op. cit.*, p. 133.

Por sua vez, algumas das formas particulares que são abrigadas nesta definição panorâmica de habitações coletivas, são assim definidas:

> O cortiço (...) era definido pelo regulamento municipal como "habitação coletiva, geralmente constituída por pequenos quartos de madeira ou construção ligeira, algumas vezes instalados nos fundos dos prédios e outras vezes uns sobre os outros; com varandas e escadas de difícil acesso; sem cozinha, existindo ou não pequeno pátio, área ou corredor, com aparelho sanitário e lavanderia comum".
>
> A estalagem apresentava um pátio, área ou corredor, com quartos divididos em sala e alcova, cozinha interna ou externa e com lavanderias e aparelhos sanitários comuns nos pátios.
>
> As casas de cômodos, as piores em condições higiênicas, eram definidas como: "(...) prédios grandes ou mesmo pequenos, com divisões de madeira, cujos aposentos são alugados com ou sem mobília, por tempo indeterminado, a indivíduos solteiros, de qualquer sexo, e a pequenas famílias de diversas classes sociais, quase sempre em más condições de higiene e asseio, onde não se encontra o dono ou seu principal responsável, ficando assim completamente abandonadas.
>
> Tem aparelhos sanitários insuficientes e quase sempre sem banheiro".[31]

---

31 BACKEUSER *apud* CARVALHO, Lia de A., *op. cit.*, p. 134-137.

O processo industrializante, e o impulso que promoveu ao remodelamento da cidade, fazia do centro um espaço *sui generis* em termos de concentração de capitais, o que impeliu também à valorização daquele espaço e a subsequente especulação imobiliária. O crescimento e concentração de classes de baixa renda nesta região foram se tornando cada vez mais indesejados, e nutriu a uma política mordaz de erradicação das habitações populares.[32]

Sidney Chalhoub[33] aponta dois pontos fundamentais que chancelaram as investidas para abater os cortiços, à medida que foram produzindo um ideário a respeito das classes laboriosas, essencialmente ao sabor e interesses das classes dominantes. O primeiro aspecto consiste no operativo da equiparação das noções de "classes pobres" e "classes perigosas". A noção de "classes perigosas" parece surgir na primeira metade do século XIX, na Inglaterra, e possuía um sentido bastante restritivo, qual seja, referia-se aos sujeitos que, tendo passado estadia ou não na cadeia, resolviam assegurar sua subsistência através do expediente do não trabalho, da prática dos furtos, margeando a legalidade.

No Brasil, segundo o historiador, esta expressão se tornou recorrente nos debates parlamentares que ocorreram na Câmara de Deputados do Império do Brasil, em especial no período que cerca o evento da abolição da escravatura em 1888. "A expressão ganha aqui uma abrangência inaudita",[34] conforme comenta.

Ad rem, essa operação discursiva obedece à seguinte tendência:

---

32 CARVALHO, Lia de A., *op. cit.*

33 CHALHOUB, Sidney. *Cidade febril: cortiços e epidemias na corte imperial*. São Paulo: Companhia das Letras, 1996.

34 *Ibidem*, p. 21.

> (...) para os nobres deputados, a principal virtude do bom cidadão é o gosto pelo trabalho, e este leva necessariamente ao hábito da poupança, que, por sua vez, se reverte em conforto para o cidadão. Desta forma, o indivíduo que não consegue acumular, que vive na pobreza, torna-se imediatamente suspeito de não ser um bom trabalhador. Finalmente, e como o maior vício possível em um ser humano é o não-trabalho, a ociosidade, segue-se que aos pobres falta a virtude social mais essencial; em cidadãos nos quais não abunda a virtude, grassam os vícios, e logo, dada a expressão "classes pobres e viciosas", vemos que as palavras "pobres" e "viciosas" significam a mesma coisa para os parlamentares.[35]

Este recurso ideativo foi, sem dúvida, potencializado pelo conjunto de teorias racistas que povoavam a Europa oitocentista e transmigrava rapidamente além-mar para uma oportuna acolhida de intelectuais, cientistas, administradores, juristas, policiais e consortes num país querendo se desfazer do ranço colonial e, daí, desejosos por aspirar o ar civilizado e civilizador.

É razoável uma breve digressão sobre este não desimportante elemento da formação social brasileira, pela sua ativa participação no desenho das relações de poder e nas desigualdades sociais que se prolongam até os tempos atuais.

A "SEIVA REGENERATRIZ DO BOM SANGUE AFRICANO": SOBRE TEORIAS RACIAIS E MESOLÓGICAS

A passagem acima, que nomeia este subitem, é um fragmento de autoria de Rui Barbosa ao se referir à questão da febre

---

35 *Ibidem*, p. 22.

amarela. Na citação, ele destaca como a nação era atacada "na sua medula", isto é, o alto índice de mortalidade entre os brancos europeus provocados por aquela epidemia era um duro golpe à "seiva regeneratriz do bom sangue africano", que veio para o Brasil para "depurar as veias da mestiçagem primitiva".

As noções de "vício" e "perigo" que passaram a circundar em torno da condição de pobreza, a partir da instituição da fala do poder, era sim algo problemático. Ademais,

> a noção de que a pobreza de um indivíduo era fato suficiente para torná-lo malfeitor em potencial teve enormes consequências para a história subsequente de nosso país.[36]

Mas, em se tratando de uma expressão elástica, a noção de "vício" foi visitada e, quiçá, ressemantizada pelas teorias raciais e mesológicas que foram imputando a certos sujeitos sociais uma condição viciosa através de elementos que poderiam ir além da situação de pobreza. É o que se infere, *exempli gratia*, da supracitada opinião racista, de inegável conteúdo eugênico, de Rui Barbosa.

As relações raciais e o sistema de preconceitos que emergiram no século XIX, encontraram sob o aval da ciência, da filosofia, do direito etc., os meios adequados para se firmarem no ideário brasileiro e justificarem toda sorte de abusos e processos de coerção e dominação levados a termo sobre as "classes perigosas".

A segunda metade do século XIX marca a época em que as teorias raciais serão soerguidas, numa herança que tem medularmente o etnocentrismo e o eurocentrismo como medidas, e que passarão a contagiar e regular as esferas públicas.

---

36 CHALHOUB, Sidney, *op. cit.*, p. 23.

A antropometria e a frenologia são campos "disciplinares" assaz ilustrativos desta tendência em marcha. De acordo com Lilia Moritz Schwarcz,

> A antropometria era a ciência que supunha que era possível medir a potencialidade de uma raça, a partir do diâmetro da cabeça de um homem. Tomava-se um crânio qualquer, enchia-o com areia, para depois retirá-la e pesá-la em uma balança. Era a partir dessa medição que estabelecia a superioridade ou a inferioridade de um indivíduo e de um povo.[37]

A frenologia, complementarmente, consistia no estudo que buscava mensurar a inteligência mediante a conformação craniana. No Brasil, Nina Rodrigues foi uma das destacadas personalidades no encaminhamento destes estudos.

Juntamente com estas teorias, começara a se desenvolver na Itália outra teoria que aprofundaria o determinismo racial, racista já em pressuposto, e que influenciaria decisivamente o modelo brasileiro: a antropologia criminal. Em 1876, Cesare Lombroso publicou um livro que se tornou célebre, sendo bem festejado em sua época, chamado *L'Uomo Delinqüente*. "O que o livro prometia é que era possível descobrir o criminoso antes que cometesse o crime".[38] O substrato da obra perfazia uma *teoria dos atavismos*. Eram feitos quadros sinópticos com bocas, orelhas, testas, narizes etc. que corresponderiam com a marca do atavismo. Lilia Schwarcz indica os aspectos básicos da proposição do jurista:

---

[37] SCHWARCZ, Lilia Moritz. "As teorias raciais, uma construção histórica de finais do século XIX. O contexto brasileiro". In: SCHWARCZ, L.; QUEIROZ, R. (orgs.). *Raça e diversidade*. São Paulo: Edusp, 1996, p. 169.

[38] *Ibidem*, p. 170.

> É possível fazer uma lista dos principais atavismos, e com isso fica fácil perceber com quem se parece o criminoso do Lombroso. Os atavismos físicos: mandíbula grande, altos ossos da face, linha solitária na palma da mão, pele escura, grandes órbitas, acuidade visual, orelhas chapadas, braços compridos, face maior que o crânio, rugas precoces, testa pequena e estreita, e não são calvos. Atavismos mentais: insensibilidade à dor, irresponsabilidade, maldade, desejo de mutilar e extinguir a vida, linguagem próxima das crianças. E o último tipo, os atavismos sociais, cujas grandes marcas eram a epilepsia, a pederastia e a prática da tatuagem.[39]

Nota-se que o cenário brasileiro era penetrado pelas posições de cientistas europeus e americanos, referendadas pelos pensadores brasileiros como Tobias Barreto e Silvio Romero, algo importante num contexto de profundas tensões sociais, posto que naturalizavam as hierarquias econômicas, sociais e políticas. Exemplar desta gana são os museus etnográficos do Rio de Janeiro, São Paulo ou Belém, os Institutos Históricos e Geográficos e as Faculdades de Direito e Medicina, visto que foram espaços determinantes para a difusão e reprodução deste ideário.

É possível flagrar a inserção impudente deste arsenal antropológico pseudocientífico, tão em voga nas inquietações dos intelectuais brasileiros de então, em certo momento do narrador d'*O Cortiço* ao se referir a Bertoleza, quando do convite de João Romão para que vivessem juntos, em que ela

> feliz em metter-se de novo com um portuguez, porque, como toda a cafusa, Bertoleza não queria sujei-

---

39   *Ibidem*.

tar-se a negros e procurava instinctivamente o homem numa raça superior á sua.[40]

Exerceu influência não menor, outrossim, o pensamento que propagava o determinismo geográfico-climático (mesologismo) sobre os comportamentos sócio raciais, com relevo para Ratzel e Hippolyte Taine.

Em *O Cortiço*, os meandros entre meio e raça figuram de modo significativo na composição da obra, e o Sol atravessa a narrativa como símbolo destacado de como os humores vão sendo temperados à luz da típica vida tropical. "Sol e calor são concebidos como chama que queima, derrete a disciplina, fomenta a inquietação e a turbulência, fecunda como sexo".[41]

A natureza (meio) é fonte segura que condiciona os grupos (raça), numa força que vai de fora para dentro, em alguma medida arrastando as relações a um sentido comum. Neste polo, aparecem representativamente o brasileiro, o mestiço, que é dobrado pelo meio. *Per contra*, há o movimento de compensação expresso na figura do português explorador e fazedor de dinheiro, que "rompe as contingências e, a partir do cortiço, domina a raça e supera o meio".[42] O português Jerônimo representa a personagem mais ilustrativa da assimilação deste ideário por Aluísio Azevedo, quando retratará o processo de abrasileiramento do cavouqueiro.

A imagem do português reto e comedido que, ao se apaixonar pela mestiça Rita Baiana, abandona mulher e filha, é atraído para o seio da terra, indica a traição de si mesmo na medida em que é dominado pelo meio, ao contrário de João Romão.

---

40 AZEVEDO, Aluizio, *op. cit.*, p. 9.
41 CANDIDO, Antonio. *O discurso e a cidade*. São Paulo: Duas Cidades, 1993, p. 142.
42 *Ibidem*, p. 140.

No esquema ambivalente da obra, agir e ser como brasileiro não se diferenciam quando se aplica ao imigrante, o que quer dizer tornar-se massa dominada.[43]

Rita Baiana reúne em si simbolicamente a natureza do país, a força impetuosa, sedutora e perigosa da vida tropical.

> Naquella mulata estava o grande mysterio, a synthese, das impreessões, que elle recebeu chegando aqui: ella era a luz ardente do meio dia; ella era o calor vermelho das sestas da fazenda; era o aroma quente dos trevos e das baunilhas, que o atordoara nas mattas brasileiras.[44]

Mas a assimilação do pacote mesológico no romance não é simples ou unívoco, pois os recursos simbólicos e metafóricos vão costurando outros sentidos. Os pratos apimentados preparados pela baiana, o samba e as cantigas do Norte, as ervas aromáticas que vão ao corpo após lavado três vezes ao dia pelo cavouqueiro, ou o café, contam como mediações simbólicas que nenhuma sugestão monolítica de simples cientificismo consegue debulhar, mesmo que o narrador afirme ser o comportamento de Jerônimo resultado de "imposições mesológicas" e Rita seja "o fructo doirado e acre destes sertões americanos".

Nosso intento em retomar estas teorias segue um duplo percurso: identificar, em rápidas linhas, seu conteúdo e presença decisiva na justificação das medidas de reordenamento urbano e social na cidade do Rio de Janeiro e sua incursão ressignificada no romance de Aluísio. Assim, é hora de tratar de outro componente

---

43 *Ibidem*.

44 AZEVEDO, Aluizio, *op. cit.*, p. 109.

fundamental no processo de modernização que passa estreito no que respeita às práticas eróticas: o papel desempenhado pela medicina social e higienista.

"UMA LIMPEZA DE MÁQUINA MODERNA": A MEDICINA SOCIAL E A CIDADE

Notamos que uma constelação de fatores concorreu para delinear uma nova topografia social na cidade do Rio de Janeiro, especialmente a partir da segunda metade dos *Dezenove*. Em relação aos cortiços, sua gênese foi identificada com o processo industrial e desenvolvimento do trabalho assalariado, para o qual concorreram a elevação do volume de alforrias e a imigração em massa, ampliando o contingente populacional e acelerando a crise habitacional que veio a lume. Os cortiços se proliferaram, sem nunca, entretanto, serem bem quistos pelos poderes públicos. Começamos a indicar as razões de seu ulterior ocaso, que se materializou na agressiva política de erradicação dos cortiços.

Dissemos que Chalhoub[45] indica dois pontos fundamentais que serviram de alicerce à "era das demolições".[46] O primeiro valeu-se do ardil de tornar equivalente as noções de "classes pobres" e "classes perigosas" e, desta forma, assentiu a formas de repressão à ociosidade, que disciplinasse corpos e comportamentos, preferencialmente de negros, fora das esferas produtivas para que pudessem assistir à manutenção do circuito de sujeição do trabalhador à acumulação dos senhores/patrões.

O segundo ponto levantado por Chalhoub para fundamentar esta operação de guerra repousa na invenção da "ideologia da

---

45 CHALHOUB, Sidney, *op. cit.*
46 ROCHA, Oswaldo P., *op. cit.*

higiene", onde se manejava a ideia de que "os pobres ofereciam também um perigo de contágio".[47]

Após surtos epidêmicos nos anos iniciais da década de 1850, de febre amarela e cólera, a pauta da salubridade pública foi colocada na ordem do dia e foi projetando a medicina social como discurso competente e autorizado a tratar desta matéria e nortear o poder estatal.

Pelas definições dos tipos de habitações que já aventamos, nota-se um elemento factual, a saber, a precariedade e insalubridade dos cortiços e demais moradias. Que as epidemias que abateram a cidade se iniciaram e propagaram através das estalagens. Tais indícios poderiam permitir sustentar a razoabilidade de uma medicina que é ciência social, de caráter essencialmente profilático, e que procura sondar as causas do adoecimento para além do corpo doente, isto é, naquilo que o circunda, o meio.

Através da criação da Junta de Higiene Pública, em 1850 – mais tarde, em setembro de 1851, Junta Central de Higiene Pública –, vimos institucionalmente ser demarcada uma nova tipologia médica, que diagnostica a doença no espaço insalubre, e então se perfaz pela prática política, afinal, as soluções que recobrem a saúde coletiva devem ser impostas mediante lutas abertas, que os médicos não titubeiam em assumir abertamente.[48]

Num estratagema laudatório da técnica médica, os sanitaristas vão propugnar a higienização e o controle social *ex auctoritate legis*, desde que a lei esteja sujeita ao saber médico neutro, objetivo, inabalável. O discurso único, auto referenciado, dos médicos higienistas chega a um tal grau que, deflagrada a campanha de

---

47 CHALHOUB, Sidney, *op. cit.*, p. 29.

48 BENCHIMOL, Jaime Larry, *op. cit.*

demolições a torto e à direita dos cortiços, o que gerou uma série de processos movidos pelos proprietários em apelação contra casos arbitrários em vista das exigências legais para o funcionamento dos cortiços, a Inspetoria de Higiene não podia ser contradita ou posta em suspeição via recurso judiciário mesmo quando este se dirigia ao ministro do Interior, que, afinal, sancionava o funcionamento da Inspetoria. Chalhoub[49] mostra como essa concentração de poder provocou uma verdadeira celeuma no interior do governo.

Neste ambiente, veremos o desenvolvimento de uma política sanitária belicosa, posto que foi instituída uma polícia médica e científica para levar a cabo as diversas posturas municipais que eram editadas, sem falar nas tarefas de fazer cumprir os despejos e demolições das habitações coletivas.

Pode parecer paradoxal termos sugerido que a nova tipologia da medicina social e higienista consiste em ter se organizado como poder político, se, simultaneamente, procurava se auto referenciar mediante parâmetros estritamente técnicos, os parâmetros da Higiene, requerendo, deste modo, uma administração científica, "técnica", da cidade. É este, em realidade, o nó górdio que permite decifrar a ideologia da Higiene, segundo Chalhoub.[50] A partir dos pressupostos de que existiria um caminho civilizador, moral e material, universalmente aplicável a qualquer povo, bastando aos governantes encetarem este caminho; e de que entre os requisitos para atingir a prosperidade das grandes nações "cultas" seria sanar os problemas de higiene pública, temos planeado

> (...) o processo de configuração dos pressupostos da Higiene como uma ideologia: ou seja, como um con-

---

49 **CHALHOUB**, Sidney, *op. cit.*

50 *Ibidem.*

> junto de princípios que, estando destinados a conduzir o país ao "verdadeiro", à "civilização", implicam a despolitização da realidade histórica, a legitimização apriorística das decisões quanto às políticas públicas a serem aplicadas no meio urbano. Esses princípios gerais se traduzem em técnicas específicas, e somente a submissão da política à técnica poderia colocar o Brasil no "caminho da civilização". Em suma, tornava-se possível imaginar que haveria uma forma "científica" – isto é, "neutra", supostamente acima dos interesses particulares e dos conflitos sociais em geral – de gestão dos problemas da cidade e das diferenças sociais nela existentes.[51]

Sem querer desconsiderar que a ciência enquanto técnica seja fundamental, que possui força explicativa poderosa da lógica do real, já que existe um vínculo que não é simplesmente imaginário entre palavras e coisas, a medicina social e higienista avassala todos os liames da verdade, no sentido ontológico desta categoria, ao eivar-se de um expediente francamente ideológico, serviçal dos interesses da repressão e dominação classistas, ao postular, inequivocamente, premissas não demonstradas como seu eixo fundante.

A insalubridade real, e o processo de adoecimento igualmente real que tinha que ver em algum grau com aquela precariedade sanitária, ao se tornar matéria examinada pela medicina social, se converte, num *hocus pocus*, em instrumental para controle social e tática de disciplinarização dos pobres, de seus corpos, gestos, condutas.

Através das sucessivas posturas municipais, vimos se estabelecer uma plataforma de exceção social tomando a feição de regra

---

51   *Ibidem*, p. 35.

geral. As posturas poderiam discriminar e exigir qual o tratamento a ser dado às "matérias fecais e águas imundas", mas, num sobressalto, estabeleciam o toque de recolher.

Mesmo se pensarmos nos limites do direito de propriedade, vamos verificar o grau de poder dos higienistas ao estabelecerem interdições totalitárias ao proprietários de cortiços, com consequências intempestivas aos moradores das habitações coletivas. As fiscalizações, na execução das posturas municipais, intimavam os corticeiros a fazerem adequações nas estalagens, e, quando estes procuravam fazê-las, a Intendência Municipal indeferia as solicitações, criando um imbróglio judiciário e político. Em outros casos, estes os mais decisivos, os despejos eram realizados sem haver lugar que pudesse abrigar as famílias, que se iam para o vexame de tornar a praça pública sua morada, ou ainda, a interdição direta do cortiço, mesmo quando era notável a possibilidade de realização dos reparos e melhoramentos exigidos pelas posturas.[52]

A solução única encaminhada pela medicina social higienista em relação à salubridade pública, em particular a guerra aos cortiços, qual seja, a sua varredura pela força das picaretas, evidencia outro aspecto enviesado da medicina em sua "técnica": um recorte da realidade, e seu consequente manejo, em conformidade ao interesse estrito da lógica econômica e política da burguesia. Por outras palavras, tornar os cortiços e habitações coletivas o epicentro dos dilemas da política de salubridade pública, indica o "descuido" e silenciamento com as raízes estruturantes deste mal estar social, que passava diretamente pelo regime de propriedade instituído e as condições de trabalho das classes laboriosas que as coagiam à condição de miséria e bestialidade, ao seu adoecimento físico e

---

52 *Ibidem.*

espiritual. Isto, particularmente, se expressa no desprivilegiamento à profilaxia de outras moléstias tão generalizadas quanto a febre amarela, como a tuberculose. Entrementes, como esta é uma enfermidade que tem ligação direta com o processo de trabalho, sua insalubridade, e as condições alimentares próprias à penúria material advinda de relações de exploração brutais, ela fora marginalizada pela atenção pública. Segundo Chalhoub,[53] no período que compreende o ápice da crise sanitária na cidade do Rio de Janeiro, entre 1850 e 1920, a tuberculose foi a que mais gerou óbitos em comparação às demais endemias.

Duas notáveis passagens, citadas por Glória Kok,[54] exprimem como o que fora demarcado pela medicina higienista como "repugnante foco de pestes" – os cortiços – traduzia uma escolha deveras interessada, em detrimento de outros focos "eventuais" de produção de males. Em carta enviada à Inspetoria Geral de Higiene pelo Clube Protetor dos Chapeleiros, podemos pôr em relevo forte indício desta escolha:

> É demasiado o sofrimento dessa classe, que é obrigada, em uma estação tão calmosa, como atravessamos, rodeada de diversas moléstias (...) a trabalhar ao pé de grandes maquinismos movidos a vapor, em espaço acanhadíssimo, sem nenhuma entrada para o ar e mesmo sem luz do dia, aglomerados assim os operários e em pleno contato uns com os outros, porque as atuais fábricas de chapéus, todas edificadas em ruas estreitas e em edifícios pequenos e impróprios, não têm espaço para a distância dos mesmos operários; o vapor que

---

53 *Ibidem.*

54 KOK, Glória, *op. cit.*

move os maquinismos e o espaço um dos outros, e finalmente, não podendo ventilar suas oficinas, porque estão rodeadas de outros edifícios que não permitem, por exemplo, a abertura de janelas e outras medidas de pura higiene.[55]

Por sua vez, o relato de um operário de nome José Costa Reis, em missiva ao *Jornal do Brasil,* a respeito de fato transcorrido com colega seu, diz-nos bem como a precariedade do trabalho traduziam em corolário uma miséria e degradação física e espiritual incontestes, acentuando o nexo entre doença e pobreza, como se pode ler:

> (…) Casado, tinha dous filhos, ganhava apenas 4$ por dia ou mensal 104$, isso se trabalhasse todos os dias úteis relativos ao mez, se não teria o desconto proporcional aos dias de falta.
>
> Pagava 50$ de casa e o restante era para alimento, vestuário, etc; como o saldo era insufficiente para a alimentação de quatro pessoas, começou a sentir-se fraco, e resolveu consultar o médico, este receita-lhe Água Inglesa e alimentos escolhidos, como sejam: leite, ovos, vitella, carneiro, peixes, etc.
>
> Ora, se até alli o feijão já lhe era um pouco escasso, mesmo com a falta de apetite, calcullem depois com o uso da Água Inglesa, ou trataria da dieta prescrita pelo médico, faltando aos sagrados compromissos do lar, ou continuaria com o insignificante saldo mantendo como dantes, a si e aos seus.

---

[55] *Apud* KOK, Glória, *op. cit.*, p. 34-35.

Opinou-se pelo segundo caso e finou-se o meu companheiro pela tuberculose, moléstia que entre a classe operária é conhecida por ganância prepotente (...).[56]

Ora, mas a política de erradicação dos cortiços dirigida pela medicina social não se restringiu apenas a este domínio do espaço urbano, se estendendo para um plano mais profundo e de conjunto para "*ordenar* a *desordem urbana*".[57] O ápice em que "a versão médica do projeto de ordenação social do espaço urbano" será levada a cabo data de 1902 a 1906 na administração municipal de Pereira Passos.

Estes nexos complexos entre Ciência e Capital encontram no *medium* da Política a via que torna possível a cirurgia urbana empreendida na cidade do Rio de Janeiro. Assim, é prudente afirmar que esta remodelação espacial têm os matizes econômico, científico e político entrelaçados.

Consoante a este expediente, Raúl Antelo, ao discorrer sobre a vida e obra de João do Rio, destaca acertadamente as componentes que norteiam essa nova geometria urbana fluminense, cujo fundo é um "préstito em que capitalismo e militarismo confundem-se inextricavelmente".[58] Tomando de empréstimo os aspectos da geografia urbana europeia, é delineada uma efetiva arquitetura da dominação, no lastro da abertura de grandes avenidas à moda das *Viae Triumphalis*. É evidente a sinonímia entre "modernização" e "civilização", e a construção da Avenida Central marcará física e simbolicamente esta etapa. Segundo Antelo,

---

56   *Apud* KOK, Glória, *op. cit.*, p. 33-34.

57   ENGEL, Magali. *Meretrizes e Doutores: saber médico e prostituição no Rio de Janeiro (1840-1890)*. São Paulo: Brasiliense, 1989, p. 12.

58   ANTELO, Raúl. "Introdução". In: RIO, João do. *A alma encantadora das ruas*. 2ª reimpressão. São Paulo: Companhia das Letras, 2009.

> "O Rio civiliza-se" é o bordão com que se deflagra uma agressiva campanha de *releitura* do espaço urbano: esquecer a sociedade tradicional, rasurar as marcas do popular, retirar a população de baixa renda do centro e recombinar os atributos da metrópole aos emblemas de Paris.[59]

Nesta *releitura* do espaço urbano, há um capítulo todo importante reservado às interdições imputadas aos comportamentos sexuais pela medicina higienista. É seguro dizer que a higienização social empreendida pelos sanitaristas, modificando os espaços sociais, só pôde ser posta em marcha na medida em que tinha na disciplinarização do corpo e das fronteiras do erótico sua pedra angular. Sob este signo, era possível estabelecer as âncoras morais do comportamento sexual sob o invólucro do saber médico.

O binômio *normalidade* e *doença* se tornou o eixo axial de uma rede de classificações do discurso médico, mecanismo ao qual este *saber-poder* foi, na sociedade brasileira bem como nas sociedades ocidentais, transformando o sexo em objeto do conhecimento. *O corpo, o desejo e o prazer*, a partir daí, passam a ganhar um estatuto que não se restringe ao âmbito da moralidade, sendo também da racionalidade. Descortinar o dispositivo de sexualidade significa esquivar-se do lugar-comum ao qual houve, na modernidade, uma intensa repressão à questão do sexo, empurrando-o para os bastidores da vida social. Pelo contrário, longe de eludir a sexualidade, houve uma explosão discursiva, *um novo falar sobre o sexo* que, por seu turno, não provocou uma liberalização sexual, mas arregimentou uma estratégia de controle do corpo e do sexo a fim de ajustá-los às exigências normatizadoras e disciplinares da emergente

---

59 *Ibidem*, p. 11.

sociedade burguesa. O dispositivo articulou práticas discursivas, os enunciados da medicina higienista, às práticas não discursivas, os instrumentos que dão materialidade ao dispositivo, tais como

> técnicas físicas de controle corporal; regulamentos administrativos de controle de tempo dos indivíduos ou instituições; técnicas de organização arquitetônica dos espaços; técnicas de criação de necessidades físicas ou emocionais etc.[60]

Jurandir Freire Costa, no já clássico *Ordem médica e norma familiar*, demonstra o papel cabal dos higienistas no reordenamento dos espaços e das instituições, como o espaço da casa e a instituição familiar, no afluxo que organiza e torna funcional a sociabilidade exigida pela classe burguesa. Suas invectivas contra o modo de vida, e a organização para tal, da sociedade colonial afluirão para um novo modo de habitação, não mais avarandada, e sim intimista, uma casa embelezada que, diferente da pobreza (mesmo entre a aristocracia rural) de mobiliário e decoração da casa colonial, valoriza o conforto doméstico, preconiza uma etiqueta em torno da alimentação e do vestuário. Esta casa higiênica também tinha de prescindir dos escravos, fontes de males e calço para o desenvolvimento de formas íntimas que passariam agora a ser desempenhadas por pai e mãe, sob a centralidade do *pater familias* que representa o princípio da unidade, da moral, da hierarquia, isto é, todos os valores fundamentais para a nova família nuclear burguesa.

A técnica higiênica articulou uma mecânica do poder que transformou os espaços, os valores, os comportamentos, permitin-

---

60   COSTA Jurandir Freire. *Ordem médica e norma familiar*. Rio de Janeiro: Graal, 1999, p. 50.

do a fixação de uma nova ética social sob o diapasão da burguesia. Tudo em articulação ao Estado, aparelho regulatório para o qual a medicina higienista operava. Freire Costa afirma:

> A higiene ajudou a família a adaptar-se à urbanização, criando, simultaneamente, normas coerentes de organização interna. O objetivo higiênico de recondução dos indivíduos à tutela do Estado redefiniu as formas de convivência íntima, assinalando, a cada um dos membros da família, novos papéis e novas funções.[61]

Mas o panegírico burguês não se resume à ética, pois a marola urbana está lastreada pelo processo industrial, desta maneira, por detrás da etiqueta burguesa a necessidade burguesa, o interesse material, vai reclamando sua reprodução. Em consonância, Freire Costa assinala:

> A consequência imediata das exigências higiênicas foi a prosperidade da indústria europeia e o progresso material dos técnicos imigrantes. A medicina engrossou a pressão da aculturação fazendo com que a casa brasileira consumisse vidraças, grades de ferro, louças e instalações sanitárias. E, com estes materiais, toda a massa de acessórios e ornamentos que compunham o ambiente interno de uma casa europeia: objetos de metais, tapetes, cortinas, estuques, etc.[62]

Importante observar o redimensionado conferido ao papel da mulher, que se torna aliada do médico, em detrimento da

---

61   *Ibidem*, p. 109.
62   *Ibidem*, p. 113.

supremacia paterna. Ela é retirada da alcova, do estrito espaço doméstico, para ir à rua, desempenhando o papel de elo entre a família e a cidade. Os espaços de circulação, tanto para o consumo de toda sorte de mercadorias de ornamentação francesas e inglesas, quanto para o aparecer de si, vão cosendo uma outra dinâmica de sociabilidade.

É significativo notar o modo dominante pelas quais estas transformações do urbano são encaminhadas, isto é, através da tendência avassaladora de conversão do espaço urbano à trocabilidade, sua conversão generalizada em espaço-mercadoria. O movimento de reprodução espacial se materializa, no capitalismo, através da contradição entre produção espacial coletiva e apropriação privada, que tem no mercado o agente que subordina o próprio espaço à dinâmica de acumulação de capital. Isto quer dizer que há uma tendência à diminuição dos espaços, o uso do espaço se limita às formas de apropriação privada mediadas pelo dinheiro, e que o trânsito do flâneur está condicionado progressivamente a lugares controlados, vigiados, normatizados, privatizados.[63]

Assim, o embelezamento e civilidade do espaço, do centro particularmente, exige disciplinar os hábitos da população e varrer os velhos costumes. Antigas posturas municipais, somadas a novos editos, vão determinar a retirada de carregadores de carrinho de mão, vendedores ambulantes, escravos, mediante a força, além da coerção econômica na forma de multas e tributos. Pereira Passos proibirá a presença de "tiradores de esmolas e

---

63 CARLOS, Ana Fani Alessandri. "'Novas' contradições do espaço". In: DAMIANI, A.; CARLOS, A. F.; SEABRA, O. *O espaço no fim de século: a nova raridade*. São Paulo: Contexto, 2001.

mendigos", que seriam encaminhados aos asilos,[64] observa ainda Glória Kok.[65]

Neste remodelamento espacial, veremos que a normatividade higiênica da casa definirá, por seu turno, aquilo que expressa seu reverso, neste caso, a habitação coletiva. Pela sua insalubridade, pela sua geografia inadequada que potencializava os "miasmas", pelas gentes que lhe residiam e, consequentemente, pelas solidariedades que se podiam desenhar daí, os cortiços foram tornados antagonistas diretos da plataforma doutrinária da Higiene.

Rita Baiana, em seu modo de conduzir a vida, seus amores, sugere uma perspectiva que destangencia o modelo mãe-dona-de-casa-esposa-fiel apregoado pelos higienistas, algo que pode ser lido como uma forma de resistência face à cultura dominante.

Ou ainda, o episódio da invasão homérica ao cortiço de João Romão pelos "morcegos" (soldados de ronda), que mobilizou a todos os moradores em resistência indica "o espirito de collectividade, que unia aquella gente em circulo de ferro".[66] No romance, fica bem evidenciada a relação de repulsa diante daqueles que representavam o braço do Estado em sua lógica de disciplinarização, pois

---

64 Costa e Cunha em estudo sobre o *Asylo dos Inválidos da Pátria*, criado em 1868, mostra como a eficácia da política asilar e de recolhimento guarda relação direta com a institucionalização do exército na segunda metade do século XIX, pois neste espaço transcorria a formação e instrução profissional de meninos e homens para o expediente militar, salvaguardas da pátria. Notemos que a malha do controle e vigilância tem na arquitetônica um forte assento. Cf. COSTA e CUNHA, Beatriz Rietmann da. "'Quem dá aos pobres, empresta a Deus': apontamentos para uma história do Asylo dos Inválidos da Pátria". *Revista Contemporânea de Educação*, v. 4, p. 26-42, 2009.

65 KOK, Glória, *op. cit.*

66 AZEVEDO, Aluizio. *O Cortiço.* 1ª ed. Rio de Janeiro: Garnier, 1890, p. 188.

> A policia era o grande terror daquella gente, porque, sempre que penetrava em qualquer estalagem, havia grande estropicio: a capa de evitar e punir o jogo e a bebedeira, os urbanos invadiam os quartos, quebravam o que lá estava, punham tudo em polvorosa. Era uma questão de ódio velho.[67]

Dois entes figuram como arquetípicos nas práticas discursivas que instituirão este novo *ethos* social e sua correspondente moral sexual: o escravo e a meretriz.

Jurandir Freire Costa mostra com minúcia a operação higienista que inverteu o valor do escravo, que passa de "animal" útil ao patrimônio e à economia doméstica a "animal" nocivo à saúde. O escravo é convertido no discurso médico em "fonte de doenças orgânicas", "causa da prostituição", além de fonte de inumeráveis "desregramentos morais e sexuais".[68]

Neste cenário em que se redesenha a moral sexual, a heteronormatividade higiênica dá a tônica entre as classes dominantes, para daí se espraiar no interior da cultura e dos valores perseguidos também pelas classes populares. O recurso binomial saúde/doença, normalidade/patologia, norma/desvio etc., permitirá, mesmo com melindres face a temas tidos na conta como constrangedores pelo peso da tradição cristã, que a *vontade de saber* do médico examine o temário do corpo, do desejo, do sexo, do prazer femininos, particularmente através da eleição da prostituição como objeto privilegiado que representa a *distorção da sexualidade*.

A semiótica médico-higienista germinará e se projetará no Brasil através da criação da Academia Imperial de Medicina e da

---

67 *Ibidem*, p. 183.
68 COSTA, Jurandir Freire, *op. cit.*, p. 122.

Faculdade de Medicina do Rio de Janeiro, nos anos de 1830. O repertório de classificações é diverso, mas unívoco no que respeita a sua lógica subjacente. "Refletindo a lógica da 'medicalização social', elementos como sujeira, infelicidade, doenças, frustrações, psicopatias, pecados e crimes apareciam identificados com a atividade"[69] da prostituição, sentencia Marize Campos.

Deste modo, à luz de Magali Engel em seu importante *Meretrizes e Doutores*, a prostituição é avaliada e classificada num espectro que envolve as dimensões física, moral e social. Em sua exitosa síntese podemos ler:

> Fixando os limites entre *normalidade* e a *doença* no campo da sexualidade, o discurso sobre a prostituição traz implícito um projeto de normatização higiênica do corpo, concebido não apenas num sentido físico, mas, também, num sentido moral e num sentido social. Observando a prostituição através das lentes reveladoras de cada uma destas dimensões, o médico constrói as categorias básicas de classificação: a *perversão* (a doença física); a *depravação* (a doença moral); e o *comércio do corpo* (a doença social). Na elaboração de um diagnóstico minucioso, o médico desempenha o seu papel incorporando vários personagens: o cientista, o educador, o moralista, o economista, o legislador, o político.[70]

---

69 CAMPOS, Marize Helena de. *Maripozas e Pensões: um estudo da prostituição em São Luís na primeira metade do século XX*. Dissertação (Mestrado em História Econômica) – FFLCH - USP, São Paulo, 2001, p. 71.

70 ENGEL, Magali. *Meretrizes e Doutores: saber médico e prostituição no Rio de Janeiro (1840-1890)*. São Paulo: Brasiliense, 1989, p. 69-70.

A *modernização* brasileira, onde o Rio de Janeiro foi palco, acentuou o processo de urbanização, e sua flagrante desagregação, segregação e, *ad satiem*, impeliu à degradação o conjunto das relações sociais. Este processo teve a costura do ideário das teorias raciais e mesológicas, e da moralidade sexual erigida pela medicina higienista, na elaboração de um caldo cultural que exerce inegável influência no pensamento de Aluísio Azevedo e demais escritores naturalistas. Influência que não deve ser apanhada de maneira simplista, entretanto. Outros elementos orbitam na formação social do artista e, ainda neste esforço de contextuar o autor e sua obra, traçaremos um esboço a propósito do itinerário intelectual de Aluísio.

ESCORÇO PARA O ESTUDO DO ITINERÁRIO DE ALUÍSIO AZEVEDO

O percurso desenvolvido até aqui tem como propósito perceber o mundo em que estava inserido Aluísio Azevedo, posto que é dele que o romancista extrai seu material para a elaboração do artefato artístico, esteja ele mais ou menos consciente disso. O esforço de contextualização tem a ver com uma percepção, aventada momento acima, de que o trabalho plasmador do artista não possui arbítrio soberano, e a obra de arte não figura hermeticamente independente, autônoma, face às condições histórico-sociais em que o escritor está irresistivelmente inscrito.

Sabe-se que existem ramos disciplinares que se dedicam a este esforço de tornar a produção artística e também seu autor algo situado no tempo e espaço, percebendo os nexos diretos e, principalmente os mais ocultos e menos evidentes, entre autor/obra e mundo de modo a demonstrar que as correntes opiniões que superestimam o indivíduo e sua obra – a exemplo da teoria do gênio, quaisquer que sejam suas múltiplas versões – expressam uma apreensão fetichista da produção estética, para restringirmos ao campo que aqui nos interessa. Trata-se de uma analítica que pretende *desencantar* os indivíduos e/ou suas obras, deslocando as lentes para as relações contraídas que tornaram possível a consagração de dado indivíduo e sua obra. A Sociologia da Literatura desponta neste campo. Ao seu lado, *mutatis mutandis*, na seara de Clio, desenvolveu-se a História intelectual.

Não obstante não ser o mote de nosso trabalho, não poderíamos olvidar de suscitar questões pertinentes, tomadas pelo ângulo da História intelectual, que poderiam contribuir neste intento de mapeamento do autor de *O Cortiço* e da obra em exame. Tem aqui, todavia, apenas o caráter de rascunho, dado que, à luz deste ramo disciplinar, para levar a efeito responder as questões que suscitaremos, isto justificaria outra pesquisa independente, que escapa às dimensões do trabalho pretendido. Senão vejamos.

A História intelectual tem procurado reabilitar um domínio que se manteve no ostracismo ao longo da maior parte do último século, o estudo dos intelectuais. Segundo Helenice Rodrigues da Silva, "a História Intelectual teria por principal pressuposto restituir, do ponto de vista sociológico, filosófico e histórico, o contexto de produção de uma obra".[71]

Este esforço concorre para a desnaturalização da dinâmica sociopolítica ou cultural que, frequentemente, apresenta o logro de posições destacadas por intelectuais ou a consagração de suas obras (algo que se confunde) como sendo resultado simplesmente

---

[71] SILVA, Helenice Rodrigues da. "A história intelectual em questão". In: LOPES, Marcos Antônio (org). *Grandes Nomes da História Intelectual*. São Paulo: Contexto, 2003, p. 16.

de mérito ou valor imanente ao indivíduo ou à obra mesma. Não raramente as representações dos intelectuais sobre si mesmos tendem a reproduzir estas noções reificadas, e o modo de contar sua própria história se aninha a este enredo.

As noções empregadas por Sirinelli[72] no estudo dos intelectuais se mostram aqui bastante operatórias no quadro de possibilidade de um estudo mais meticuloso a respeito de Aluísio Azevedo. Referimo-nos às noções de itinerário, geração e "redes" de sociabilidade.[73]

"Feitos" e Indícios para a reconstrução do itinerário

Aluísio Azevedo foi o escritor do primeiro romance naturalista da literatura brasileira – *O mulato* – e o primeiro que pôde por algum tempo viver exclusivamente do ofício de escritor. É tido

---

72 SIRINELLI, Jean-François. "Os intelectuais". In: RÉMOND, René (org). *Por Uma História Política*. 2ª ed. Rio de Janeiro: FGV, 2010.

73 Para Jean-François Sirinelli, encontramos duas acepções do intelectual: 1. Uma de caráter amplo e sociocultural, envolvendo criadores e "mediadores" culturais, tais como jornalistas, escritores, professores secundários ou eruditos; 2. Outra mais restrita, baseia-se na noção de engajamento, mais ou menos direto, na vida da cidade. Ambas são complementares e frequentemente não se dissociam, além de indicarem notoriedade ou especialização do grupo de intelectuais, cuja legitimidade serve para se imiscuírem na causa que defendem. Segundo o historiador, revela-se útil no estudo dos intelectuais as noções de itinerário, geração e sociabilidade. Itinerários políticos permitem traçar uma cartografia mais cuidadosa dos grandes eixos de engajamento dos intelectuais. As estruturas de sociabilidade se perfazem pela articulação entre "redes", que permitem ver filiações e disposições dos agentes, e "microclima", um "microcosmo intelectual particular". As gerações organizam seus laços mediante processos de herança cultural, que permitem a articulação de plataformas geracionais e adesão a cosmovisões, algo fundamental na construção de processos político-culturais. Cf. SIRINELLI, Jean-François, *op. cit*.

como autor da obra máxima do naturalismo brasileiro, *O Cortiço*. Ocupou a cadeira Varella 4 da Academia Brasileira de Letras quando de sua fundação, tendo como patrono o poeta Basílio da Gama. Ingressou na carreira diplomática como cônsul. Note-se que estes "feitos" são apresentados aqui à maneira usual, isto é, reificadamente.

Como foi possível a consagração de Aluísio como romancista? Que elementos, extratextuais, permitiram sua projeção no campo literário brasileiro?

Aluísio Azevedo nasceu em São Luís em 14 de abril de 1857. Sua mãe, Emília Amália Pinto de Magalhães, era portuguesa e filha de comerciante. Seu pai, David Gonçalvez de Azevedo, era Vice-Cônsul de Portugal. Seu irmão, dois anos mais velho, era Arthur Azevedo, que se tornaria mais tarde famoso teatrólogo.

Antes dos dezoito anos, Aluísio e Arthur, após o aprendizado das primeiras letras, foram sendo encaminhados ao comércio. O jovem Aluísio vai desenvolvendo aptidão para a pintura e caricatura. O irmão Arthur, ao completar dezoito anos, embarca rumo à Corte no Rio de Janeiro, em busca de projeção de seu trabalho ainda primário com peças de teatro.

Em 1876, com dezenove anos, Aluísio segue também para o Rio de Janeiro, e mediante as relações políticas de Arthur, estreia na imprensa da Corte publicando uma charge no jornal *O Fígaro*. Insere-se com suas caricaturas em outros periódicos importantes, entra em contato com a literatura moderna europeia, se imiscui nos debates sobre os acontecimentos da vida do país, em círculos na rua do Ouvidor, tais como as ideias republicanas e a campanha abolicionista.

Em agosto de 1878, em função da morte do pai, Aluísio é obrigado a retornar a São Luís para cuidar do inventário deste. Este retorno porá Aluísio em choque com a conservadora e provinciana sociedade maranhense, cuja moral é organizada por um clero reacionário, senhoras beatas e escravocratas produtores de algodão, pois este trazia consigo ideais abolicionistas, republicanos e positivistas.

Em São Luís é que a plataforma geracional será melhor delineada, fundada no combate anticlerical e, especificamente, contra a mixórdia ideológica da *Atenas Brasileira*. Os espaços de sociabilidade que vão ambientar o microcosmo intelectual são, neste caso, periódicos organizados por Aluísio e amigos, como *O pensador*, *A Flecha* ou *A pacotilha*. O contato com a obra de Eça de Queirós, e logo em seguida Zola, repercutirá sobre Azevedo e marcará contornos decisivos de filiação ao estilo naturalista, em contraste ao romantismo e sua representação idílica das relações sociais, adequada às representações de uma elite economicamente em frangalhos tal como a maranhense.

O lançamento d'*O mulato*, primeiro romance de traço propriamente naturalista, provoca reações dos estratos dominantes, em especial do clero, na cidade ludovicense, ao passo que tem boa acolhida entre escritores e crítica literária no Sul. O desconforto gerado pelo novo romance, além das investidas pelos periódicos, impelem Azevedo a retornar ao Rio de Janeiro em 7 de setembro de 1881. Lá se torna o primeiro profissional do ofício das letras, tentando viver exclusivamente disso. Um dilema se apresenta, todavia: escrever folhetins para um público romântico, e extrair bons rendimentos daí, ou escrever romances a partir dos modernos princípios do Realismo/Naturalismo?

Ciente deste impasse admoestador, Aluísio escreve para ambos os públicos ("comerciais", de tônica romântica, e os "artísticos", de traço naturalista, como ele mesmo se referia), e fica claro a ele os limites crassos impostos ao ofício de escritor.

A partir daí, amargando esta frustração, Aluísio se vê ansioso por emprego fixo, com soldo regular. Através da influência de Coelho Neto, se tornará oficial da Secretaria de Negócios do Governo, em 1891, durante o governo de Deodoro da Fonseca.

Quando Deodoro cai e Floriano Peixoto assume, o escritor maranhense perde o emprego. O escritor conterrâneo Graça Aranha incentiva Aluísio à entrada na carreira diplomática. Em 1895, publica seu último romance, *O livro de uma sogra*, enquanto aguarda o concurso do Ministério do Exterior. No mesmo ano é aprovado no concurso para cônsul. Abandona a carreira literária.

O Cortiço, publicado em 1890, e escrito entre 1888 e 1890, seria parte do grande empreendimento literário de Azevedo: uma obra em cinco tomos que teria por título *Brasileiros antigos e modernos* e transcorreria do tempo da Independência às vésperas da Abolição e República: começo em 1820 e findo em 1887. É o que o escritor anuncia no periódico *A semana* em 31 de outubro de 1885. O modelo desta empreita seria *Os Rougon-Macquart*, de Emile Zola, cujo ciclo histórico se dá neste patamar de fôlego. Eis a sequência pretendida:

1º - O cortiço;
2º - A família brasileira;
3º - O felizardo;
4º - A loureira;
5º - A bola preta;

O grande projeto é abandonado, e a longa duração histórica também. *O Cortiço*, apesar de não haver citação de datas, transcorre entre 1880 e 1887, a última cena é sinal inconteste deste último ano.

Diante das informações levantadas de modo desordenado e ametodicamente, algumas ideias se delineiam com mais cuidado para o horizonte da investigação:

Qual a origem social de Aluísio Azevedo? E de seus pais? Em que escolas estudou? O que concorreu para imiscuir-se no âmbito da pintura/caricatura e mais tarde na literatura?

Com quem contraiu relações políticas e de contiguidade sociocultural? Que dispositivos recorreu para delinear uma plataforma geracional? Com quem se agremiou neste intento? Qual a origem social destes indivíduos que pareavam Aluísio? Quais as exigências estéticas ou socioculturais para permitir acesso e consagração no campo literário brasileiro? Em termos de paradigma literário, qual a posição do Naturalismo neste domínio? Que representava sua introdução no contexto brasileiro?

A quais heranças socioculturais recorreu para definir-se no campo literário? Como as relações com outros membros do campo de produção cultural lhe permitiu ingressar na burocracia pública?

Como foi possível o ingresso na Academia Brasileira de Letras? Em que medida esta instituição permitiu a consagração de seus romances, em especial, *O Cortiço*? Por que a tematização da problemática urbana (habitação coletiva) em *O Cortiço*?

Estas parecem ser algumas questões que poderiam impulsionar a saída destas evidências difusas e precariamente trabalhadas neste rascunho a uma pesquisa que tornasse possível mapear o itinerário de Aluísio Azevedo e então compreender melhor as razões de sua consagração no campo literário e mesmo a gênese histórico-sociológica de seu romance.

EM BUSCA DO MUNDO DA OBRA

Espaço e erotismo n'*O Cortiço*

O conceito de experiência – *Erfahrung* – em Walter Benjamin[1] constitui uma categoria central para o exame da sociabilidade instituída na modernidade. As transformações da técnica e sua materialização na forma urbano-industrial tal como encaminhada no capitalismo moderno, conduziu à subtração da experiência ou de seu esvaziamento em favor da predominância da vivência – *Erlebnis* –, isto é, do conhecimento obtido através da fruição que se desdobra e se acumula mediante a sedimentação do tempo, especialmente por meio da coletividade, resta a vivência privada e isolada que, sob a necessidade de ser consumida celeremente, só pode produzir efeitos imediatos, impressões efêmeras.

A redução do trabalho à forma abstrata e a hegemonização do valor de troca conduzem o homem moderno a uma relação igualmente abstrata com o tempo, onde os indivíduos são con-

---

1 BENJAMIN, Walter. "Experiência e Pobreza". In: _____. *Magia e técnica, arte e política: ensaios sobre literatura e história da cultura*. Tradução Sérgio Paulo Rouanet. 7ª ed. São Paulo: Brasiliense, 1994, p. 114-119. (Obras escolhidas, v. I)

vertidos em massa amorfa, estão diluídos na *multidão* das grandes cidades, e o bombardeio dos estímulos leva à programação e automatização dos atos, gestos e comportamentos, tal como o operário industrial fora adestrado pela maquinaria.

A categoria de *experiência* se mostra reveladora no tocante à análise histórico-estética. Em *Sobre alguns temas em Baudelaire*, Benjamin[2] discorrerá que o poeta d'*As flores do mal* inaugurou despretensiosamente uma nova modalidade estético-literária – a poesia moderna, na forma do último e melhor lampejo da poesia lírica – mas que encontrou enorme repercussão em sua época. Para ele, isto foi possível porque havia uma saturação da poesia lírica enquanto gênero literário, na medida em que seu público leitor já era portador de novo carecimento e da mudança estética forcejada, por conta de um acúmulo estético e, principalmente, pela mudança na *estrutura da experiência* dos indivíduos e da coletividade empreendida pelas metamorfoses da técnica. A técnica subverte a estrutura de percepção e experiência, instaurando uma crise que se espraia para o universo da sensibilidade estética. A poesia-*spleen* de Baudelaire apanhou e descreveu de modo inteiramente singular o declínio da *aura* na fruição estética bem como a espoliação da experiência a que se melhor traduz a condição do homem moderno.

O arco da modernização fluminense delineado apontava exatamente para uma alteração substancial da *estrutura de experiência* das camadas sociais na cidade em remodelamento. Alterou-se real e profundamente o modo de vida dos indivíduos, no sentido indicado do avassalamento produzido pelo enraizamento do capital na

---

2   *Idem*. "Sobre alguns temas em Baudelaire". In:_____. *Magia e técnica, arte e política: ensaios sobre literatura e história da cultura*. Tradução Sérgio Paulo Rouanet. São Paulo: Brasiliense, 1989. (Obras escolhidas, vol. III)

topografia tupiniquim, o que levou também à saturação da forma literária hegemônica em sua representação da vida nacional, a saber, o Romantismo.

Vimos que, em sintonia com o efeito da modernização, a malha discursiva vai sendo reordenada, em que no campo da ciência avultam a medicina social-higienista, as teorias raciais e mesológicas, e o positivismo, no desiderato da apreensão da realidade de maneira objetiva e neutra, como díade inseparável.

No âmbito literário, a representação escorreita do Romantismo já não se ajusta bem à visceralidade que se vai pondo a nu na vida real. O Realismo e o Naturalismo se forjam na tensão com a nova materialidade e antagonizando com o modo sobremaneira altaneiro e fastidioso que os românticos ensejavam. O Naturalismo, particularmente, tomará de um jeito todo especial a pretensão documentária, verista, a que a ciência em questão preconiza. Pretende-se mesmo também uma ciência, ou melhor, partindo dos frutos diletos do método experimental, em especial em sua feição positivista, tal seria a tendência da literatura, ser ela mesma uma prática científica.

Emile Zola é explícito na rejeição dos recursos da imaginação, da metáfora ou do simbolismo. A tarefa do romancista é uma tarefa científica, onde o artefato literário representa o esforço da experimentação e análise, à semelhança do fisiólogo no estudo determinístico dos corpos vivos. Neste espírito, afirma Zola:

> Em uma palavra, devemos trabalhar com os caracteres, as paixões, os fatos humanos e sociais, como o químico e o físico trabalham com os corpos brutos, como o fisiólogo, trabalha com os corpos vivos. O determinismo domina tudo. É a investigação científica, é o raciocínio experimental que combate, uma por uma,

as hipóteses dos idealistas, e substitui os romances de pura imaginação pelos romances de observação e de experimentação.³

Entretanto, o significado profundo de uma série literária deve ser pesquisado no arranjo narrativo e na economia geral da obra, mais além do movimento autoconsciente do autor/teorizador, bem como também não é simplista a relação de filiação de textos – em que se infere a reprodução estrita de séries literárias, como repousa a velha crítica de que o estilo naturalista de Aluísio é mera assimilação do estilo naturalista de ultramar francês – pois já observou com acuidade o mestre Antonio Candido em análise ímpar de Emile Zola em seu *L'Assommoir*:

> Pelo menos este último [o simbólico, V. B.] não provém de um desígnio claro de Zola, que odiava os simbolismos e achava que a literatura *experimental* se esgotava na reprodução objetiva do visível. Mas de sua obra, como de qualquer outra com certo teor de imaginação verdadeiramente criadora, se desprende um significado que transfigura objetos e personagens; e que, nada tendo a ver com qualquer noção idealista de transcendência, decorre da própria organização dos elementos manipulados pelo escritor.⁴

É, pois, neste espírito que nos lançamos a uma aproximação mais efetiva de caráter histórico-literário, longe da exaustão, do elemento espacial e da erótica no interior d'*O Cortiço*. Parece lumi-

---

3   ZOLA, Emile. *O Romance Experimental e o Naturalismo no Teatro*. São Paulo: Elos, 1982, p. 41.

4   CANDIDO, Antonio. *O discurso e a cidade*. São Paulo: Duas Cidades, 1993, p. 66.

noso que ambos os aspectos ocupam posição destacada no ínterim do romance, sendo ambos eivados por metáforas orgânicas, conforme pertinente estudo de Sonia Brayner.[5]

Mesmo sabendo que cada um destes dois elementos refluem para núcleos de significados particulares, o que permite nutrir a argúcia do crítico no exame de tais particularidades de temário, queremos nos arriscar a uma tratativa panorâmica, esforçando-nos mais em perceber como os núcleos de significado mais relevantes atinentes à questão espacial e à questão erótica, não obstante estes se perfazerem pela mediação da metáfora orgânica, são instituídos aparentemente ao modo de enteléquias cientificistas, quando substancialmente constituem arranjos diegéticos na totalidade composicional da obra.

No capítulo anterior, não fizemos mais que apresentar o contexto histórico da produção de *O Cortiço*, dialogando sempre que possível com a obra. Procedimento habitual, longe ainda do método histórico-literário, portador do risco de uma leitura mecanicista acerca do condicionamento social do romance, haja vista o potencial descuido com o seu móvel narrativo-composicional.

Reconheço que os interesses das nossas lentes adentram em um terreno espinhoso, para o qual já frutificaram sequências polemistas envolvendo grandes analistas, como Affonso Romano de Sant'Anna, Antonio Candido e Roberto Schwarz. Nossa direção se vale da fortuna crítica de Antonio Candido, em especial, mesmo que reconheçamos que aqui neste exercício analítico ainda não pratiquemos, tal como o Mestre, *de plano*, o método histórico-literário; um carecimento que a maturação, no sedi-

---

5 BRAYNER, Sonia. *A metáfora do corpo no romance naturalista: estudo sobre "O Cortiço"*. Rio de Janeiro: Livraria São José, 1973.

mentar do tempo, espera-se, possa suprassumir. Por isso, falamos neste ensaio em aproximação...

Não obstante o limite sincero, nossa vigilância metodológica é persistente. Tomamos exemplarmente na introdução deste ensaio quatro textos diversos que, a nosso juízo, afrontam o cuidado necessário com o elemento erótico quando do devido lugar que ocupa no interior do romance azevediano. Foi-nos irresistível não deixar de ver ali um afã de modismo da agenda pós-moderna, afeito à teoria das representações, descuidado com a peculiaridade do fenômeno estético. Mas não apenas a rarefação dos mais jovens parece evolar, outrossim alguns grandes parecem ter descuidado do "caroço lógico" do romance de Azevedo, como Affonso Romano de Sant'Anna, mesmo em seu estimulante estudo, ou o notável Carlos Nelson Coutinho. Cito uma longa mas ilustrativa passagem de Coutinho, num ensaio acerca de Lima Barreto, quando intenta deslindar *O Cortiço*:

> Ainda que de modo mais sutil, uma tendência similar revela-se também em nosso naturalismo, embora fosse pretensão explícita da corrente naturalista a ruptura com o monopólio romântico da época. É indiscutível que o naturalismo, em seus melhores representantes, parte de uma recusa subjetiva da prosaica realidade do capitalismo dominante (ou, em termos brasileiros, do estagnado equilíbrio de classes, com predomínio da pseudo-aristocracia rural, que caracteriza o nosso Segundo Império); mas, no plano objetivo da criação artística, o naturalismo capitula diante do aspecto imediato dessa estagnação, ao considerar a realidade que descrevia – a completa repressão e alienação das mais íntimas potencialidades humanas – como algo eterno e imutável. O predomínio

fatalista do "ambiente" fetichizado sobre a ação humana, que foi ainda mais intenso no naturalismo brasileiro que em sua matriz europeia, terminava por transformar o protesto originário dos naturalistas em conformismo real, numa resignada aceitação das misérias humanas que descreviam em seus romances. Essa tendência à resignação e ao imobilismo conformista aparece, em última instância, como uma resignada aceitação pela intelectualidade do aspecto fatalista que a "via prussiana" emprestava ao nosso desenvolvimento. O fenômeno é bastante evidente no mais importante (inclusive sob o aspecto estético) de nossos romances naturalistas: *O Cortiço*, de Aluísio Azevedo. Descrevendo as desumanas condições em que vive a população pobre do Rio de Janeiro, o romancista descreve ao mesmo tempo a paulatina capitulação de todos os personagens às pressões dissolutoras do "ambiente", à pretensa fatalidade de leis de hereditariedade entendidas de modo fetichista, com o que termina por amesquinhar e empobrecer radicalmente todas as figuras humanas que apresenta.[6]

Ora, se Coutinho parece mirar bem a virtude de Aluísio na abordagem e descrição por que assiste a substancial modificação do espaço urbano, da problemática das habitações coletivas, das condições de vida das classes laboriosas, onde, de conjunto, se nota "a completa repressão e alienação das mais íntimas potencialidades humanas", por outro lado, se mostra vacilante em perceber como o quadro pintado por Azevedo em que tal processo se desenvolve

---

[6] COUTINHO, Carlos Nelson. "O significado de Lima Barreto na Literatura Brasileira." In: COUTINHO, C. et. al. (org.). *Realismo e Anti-realismo na Literatura Brasileira*. Rio de Janeiro: Paz e Terra, 1974, p. 6-7.

mantém conexão essencial no interior da narrativa com o sentido a que obedecem as transformações espacial-urbanas, qual o vetor dirige social e literariamente a abordagem em *O Cortiço*. Para falar do eixo narrativo, tomemos o elemento espacial como recurso, pela força que ganha dentro da obra, para, em seguida, estabelecermos a sua conexão com o elemento erótico.

O CORTIÇO: ESPAÇO DE ESPAÇOS E SUAS FRONTEIRAS

Hegel,[7] em sua incansável investigação lógico-ontológica do real, deixou-nos um legado que lançou luzes para uma autêntica apreensão do ser e seu movimento, cujo arrazoado configura as leis fundamentais da dialética moderna, conquanto restem em sua rica descoberta momentos decisivos de mistificação e aporias insolúveis.[8] Na sua "pequena lógica", entre outras coisas, sustenta que a *totalidade* e sua complexa cadeia de mediações constitui o princípio mais essencial desta logicidade. Dele tributamos a cara noção de que a ciência, enquanto momento de captura pela razão do todo do real em seus movimentos tendenciais, é representado por um *círculo de círculos*.

Noção que, sendo o todo um devir, conduz à espiral dialética e à sua dinâmica interna de suprassunção. Permitiu a Lukács, no exame ontológico do ser social, erigir a categoria de *complexo de complexos*. Queremos retomar aquela noção hegeliana, sob a esteira de uma crescente perspectiva de análise espacial do romance (Bakhtin, Antonio Candido, Antonio Dimas), ressemantizando-a para o que, em *O Cortiço*, foi, enquanto contexto, mimetizado para

---

7 HEGEL, Georg. *Enciclopédia das Ciências Filosóficas em Epítome*. vol. 1 (Ciência da Lógica). Lisboa: Edições 70, s/d.

8 LUKÁCS, György. "A autêntica e a falsa ontologia de Hegel". In: _____. *Para uma ontologia do ser social I*. São Paulo: Boitempo, 2012.

a série narrativa – a transformação espacial-urbana carioca fruto da modernização brasileira – e elevada à condição de mediação literária, enquanto totalidade espacial que serve de arranjo para explicitação de uma lógica social, a lógica do capital, que se perfaz territorialmente, espacialmente.

Neste ensaio, utilizamos a categoria de *fronteira* para ler as dimensões espaciais e eróticas em e a partir de O *Cortiço*. Fronteira, conceitualmente, indica uma linha que delimita e separa espaços geográficos. Define um "dentro" e um "fora", o que é próprio e o que é estrangeiro. Enquanto dimensão simbólica, a fronteira qualifica nossa experiência daquilo que nos é próprio e do que é alheio, acentua nossos sentidos e experiência do mundo, ao traçar as linhas entre o *eu, o nós e os outros*. Fronteira, portanto, não apenas indica simbolicamente o que separa, mas também aquilo que permite o intercâmbio e a comunicação, o diálogo e a troca.[9]

Em torno de sua dimensão simbólica, queremos fazer ver as geograficidades narrativas, que mobilizam espaços, mas também corpos e modos, uma erótica, nas interdições e canais dialogais que o *ser-percebido* azevediano nos permite em seu romance.

Sonia Brayner, em penetrante estudo sobre a importância da metáfora orgânica na construção narrativa de O *Cortiço*, dará atenção à sua presença no âmbito espacial. Há uma "espacialização do narrado",[10] onde a cidade do Rio de Janeiro e seus habitantes são descritos, mediante a figuração entre Cortiço e Sobrado, de modo cenográfico. Nota-se que "o roteiro moral está vinculado ao

---

9 MAFFÍA, Diana. *Los cuerpos como frontera*. Disponível em: <http://dianamaffia.com.ar/archivos/Los-cuerpos-como-frontera.pdf>. Acesso em: 10 set 2012.

10 BRAYNER Sonia, *op. cit.*, p. 59.

espacial",[11] e a tonalidade narrativa manipula uma distância estética mediante uma coloração ética dos espaços nomeados.

Segundo ela, há um sistema de integração espacial de tipo orgânico, que se estabelece na oposição entre cortiço e sobrado, o primeiro expressando o público e o segundo o privado, mas também nas fronteiras entre a casa e a rua. Num certo nível, a rua porta o estigma, pois "o exterior ameaça constantemente de invasão a intimidade dos ambientes",[12] como nos casos em que a repressão policial vem da rua, quando Bertoleza é afanada por gatunos que lhe entram pelos fundos da quitanda antes de confiar a João Romão a gestão do seu patrimônio, ou ainda quando o próprio Romão traz à Bertoleza sua falsa carta de alforria, trazendo-a pronta da rua.

Em outro nível, o cortiço, através do seu pátio, se transforma mesmo em rua, onde há o vaivém de mercadores, víveres e quinquilharias, o que pode ser apreendido sob o aspecto negativo da "agglomeração tumultuosa de machos e fêmeas"[13] que repousa naquele *esterco* e *lama*, mas também como espaço que é apropriado em sua face da usabilidade, em que o valor de uso permite sedimentar relações qualitativas, como na conversa retomada, na brincadeira das crianças, ou no festim da diversão dominical onde a maioria é conviva, ao som de cavaquinho e violão naquela "musica feita de beijos e soluços gostosos", o "chorado bahiano", que animava toda a patuscada.

No acordar do cortiço, entre outras caracteriza Azevedo:

> Entretanto, das portas surgiam cabeças congestionadas de somno; ouviam-se amplos bocejos, fortes como o

---

11   *Ibidem*, p. 59.

12   *Ibidem*, p. 61.

13   AZEVEDO, Aluizio. *O Cortiço*. 1ª ed. Rio de Janeiro: Garnier, 1890, p. 44.

marulhar das ondas; pigarreava-se grosso por toda a parte; começavam as chicaras a tilintar; o cheiro quente do café aquecia, suplantando todos os outros; trocavam-se de janella para janella as primeiras palavras, os bons dias; reatavam-se conversas interrompidas á noite; a pequenada cá fora traquinava já, e lá de dentro das casas vinham choros abafados de crianças que ainda não andam. No confuso rumor que se formava, destacavam-se risos, sons de vozes que altercavam, sem se saber onde, grasnar de marrecos cantar de gallos, cacarejar de gallinhas. De alguns quartos sahiam mulheres que vinham pendurar cá fora, na parede, a gaiola do papagaio, e os loiros, á semelhança dos donos, cumprimentavam-se ruidosamente, espanejando-se á luz nova do dia.[14]

Para Brayner, no entanto, "Aluísio Azevedo vai tirar seus melhores efeitos orquestrais ao tratar os espaços abertos do cortiço contrapondo-os ao aspecto fechado, hipócrita, do sobrado".[15]

O sobrado já aparece no formato da organização higiênica e moral da casa, onde a funcionalidade separa nitidamente os aposentos da sala. Esta última é penetrável por criados e visitantes e habitada em dias de festa, ao passo que os quartos são reservados para a noite, íntimos, mas análogos às "inclinações do corpo e do sexo",[16] muito semelhantes à alcova de Leonie. Os quartos separados de Miranda e Estela figuram como o elemento burguês de punição ao adultério, mas não encobre a luxúria instintual que a noite

---

14   *Ibidem*, p. 43-44.
15   BRAYNER. Sonia, *op. cit.*, p. 64.
16   *Ibidem*.

acoberta. As casas são mentirosas, sugere o autor, aparentam a honestidade e castidade mas se deitam na hipocrisia e na lascividade.

As divisórias no cortiço apresentam uma medida relativa, pelo peso da organização comunitária que prevalece na habitação. Solidariedades são instituídas em meio à precariedade material, quase que impelidas.

O muro é o símbolo crasso da separação entre classes, entre cortiço e sobrado, entre modos de vida diferentes, supostos. Entretanto, sobrevêm as mediações escusas, as situações ambíguas que ocorrem à sombra do muro, como os flagrantes em Estela e Henrique, primeiro pelo velho Botelho que "descobrio Estella entalada entre o muro e o Henrique",[17] segundo por Leocadia que "afiançou que, uma occasião, espiando por cima do muro"[18] apanhara os dois em beijos e abraços.

Fronteiras entre ser e aparecer se delineiam em derredor do muro, acentuando, quando se queria ocultar, os meandros da etiqueta burguesa representada pelo sobrado. Etiqueta dúplice, que o muro-símbolo calca como mediação. É por cima dele que Henrique espia Pombinha, e ultrapassando-o vai ter encontro com Leocadia.

É simbólica a derrubada do muro, indicando a completa metamorfose de João Romão em capitalista, portanto, transcendendo as diferenças que anteriormente ainda lhe mantinham na condição de *persona non grata*.

Entre outros signos que preenchem essa semântica do sistema de integração espacial, contamos as janelas e sua posição de mediação entre a casa e o exterior, a pedreira representando a natureza virginal, ao lado do capinzal, em primeiro nível, e,

---

17   AZEVEDO, Aluizio. *O Cortiço*. 1ª ed. Rio de Janeiro: Garnier, 1890, p. 39.
18   *Ibidem*, p. 104.

em segundo, sua caracterização no espectro metafórico orgânico como *monstro* ou *gigante*.[19]

Outra evidência, na leitura de Brayner, que exprime a força da metáfora orgânica que atravessaria o enredo — a metamorfose larval--orgânica do cortiço e das personagens — se expressaria na reconstrução do cortiço após o incêndio. Esse momento indicaria "o surgimento de outra forma orgânica mais desenvolvida".[20]

A saber, a metáfora da larva aparece logo no início do romance, quando da caracterização do cortiço:

> E naquella terra encharcada e fumegante, naquella humidade quente e lodosa, começou a minhocar, a esfervilhar, a crescer, um mundo, uma coisa viva, uma geração, que parecia brotar espontânea, ali mesmo, daquelle lameiro, e multiplicar-se como larvas no esterco.[21]

É possível indagar que aqui temos o ponto de inflexão acerca da leitura da obra como uma totalidade, e da percepção acurada sobre o grau de assimilação pelo autor e sua consequente expressão no texto literário das irrefutáveis influências científicas (neste caso, também as estéticas) que Aluísio absorve e se torna consorte.

Vacilação, a nosso ver, praticada também por Affonso Romano de Sant'Anna,[22] pois sua adesão ao esquema estrutura-

---

19   BRAYNER, Sonia, *op. cit.*

20   *Ibidem*, p. 60.

21   AZEVEDO, Aluizio. *O Cortiço*. 1ª ed. Rio de Janeiro: Garnier, 1890, p. 27.

22   SANT'ANNA, Affonso Romano de. *Análise estrutural de romances brasileiros*. 5ª ed. Petrópolis: Vozes, 1979. *Idem*, "Curtição: O Cortiço do Mestre Cândido e o Meu". In:_____. *Por um novo conceito de Literatura Brasileira*. Rio de Janeiro: Eldorado, 1977.

lista o levou a defender a tese de que *O Cortiço*, em relação à série literária, é uma narrativa de estrutura simples que apenas reproduz o modelo naturalista francês, mesmo que, em face da série social, constitua-se como contra ideológico ao denunciar o código social vigente e a ideologia dominante.

Segundo ele, "*O Cortiço* se realiza ao realizar os pressupostos científicos do séc. XIX revertidos para a série literária através do que se convencionou chamar de Naturalismo".[23] A narrativa seria, para ele, instituída toda à luz da termodinâmica.

Para Antonio Candido,[24] "*O cortiço* é um romance cujo eixo é o processo de acumulação semiprimitiva de capital", que se manifesta não de maneira indiscriminada entre as personagens, mas através de João Romão, o acumulador de capital que assim o faz na medida em que os demais são privados de poder seguir o mesmo curso.

> Desde que a febre de possuir se apoderou delle totalmente, todos os seus actos, todos, fosse o mais simples, visavam um interesse pecuniário. Só tinha uma preocupação: augmentar os bens. Das suas hortas recolhia para si e para a companheira os peiores legumes, aquelles que, por máos, ninguém compraria; as suas gallinhas produziam muito e elle não comia um ovo, do que no entanto gostava immenso; vendia-os todos e contentava-se com os restos da comida dos trabalhadores. Aquillo já não era ambição, era uma moléstia nervosa, uma loucura, um desespero de accumular, de

---

23 Idem. *Análise estrutural de romances brasileiros*. 5ª ed. Petrópolis: Vozes, 1979, p. 99.

24 CANDIDO, Antonio. Duas vezes "A passagem do dois ao três". In: _____. *Textos de intervenção; seleção, apresentação e notas de Vinicius Dantas*. São Paulo: Duas Cidades, Ed. 34, 2002, p. 66.

reduzir tudo a moeda. E seu typo baixote, socado, de cabellos á escovinha, a barba sempre por fazer, ia e vinha da pedreira para a venda, da venda ás hortas e ao capinzal, sempre em mangas de camisa, de tamancos, sem meias, olhando para todos os lados, com o seu eterno ar de cobiça, apoderando-se, com os olhos, de tudo aquillo de que elle não podia apoderar-se logo com as unhas.[25]

Isto quer dizer que mesmo certos núcleos de significado importantes, tais como Cortiço x Sobrado, Cortiço (ou Sobrado) x Mundo exterior, Carapicus x Cabeça de Gato, Brasileiro x Português, Branco x "De cor", ou ainda as mediações mais ou menos explícitas que atravessam tais núcleos a exemplo das falácias mesológicas, fisiológicas ou raciais, precisam ser acrisoladas pelo princípio diretor do romance, seu eixo composicional.

Tal procedimento analítico é importante para revelar que não há reprodução estrita do ideário científico e estético, uma réplica do *L'Assommoir* ou da plataforma proto-cientificista de *O Romance Experimental*, ou que *O Cortiço*, porque naturalista, seria fatalmente medíocre restringindo-se a quadros descritivos e não a uma autêntica narrativa, como teimaria a fórmula caturra do Lukács de *Narrar ou Descrever?*, quando a descrição em *estilística animal* (Sonia Brayner) adquire a dimensão narrativa mais além do fisiologismo como síntese da ideologia.

O desiderato da acumulação, como móvel narrativo, arregimenta os diversos núcleos, permitindo-nos sair do binômio Cortiço = Natureza *versus* Sobrado = Cultura, como insistiu Affonso Romano, para o terceiro termo, o

---

25 AZEVEDO, Aluizio. *O Cortiço*. 1ª ed. Rio de Janeiro: Garnier, 1890, p. 23.

processo, cuja engrenagem objetiva, funcionando atrás das costas das protagonistas, também lhes utiliza e desqualifica os propósitos, transformados em ilusões funcionais (como no caso da presunção nacionalista encobrindo o funcionamento do capital).[26]

Não se trata, então, de uma recusa subjetiva da vida prosaica do capitalismo, e uma capitulação "no plano objetivo da criação artística" em *O Cortiço*, como sustentou Coutinho, mas a percepção de que a "chave que abriu o romance foi a descoberta do diagrama de classes apropriado".[27] A configuração artística extrai sua força do fato de ter apanhado a "*forma de formas*, um complexo altamente heterogêneo de experiências literariamente transpostas, sobre o qual o romancista trabalha",[28] (grifo nosso) segundo sentencia Roberto Schwarz em seu exímio ensaio *Adequação nacional e originalidade crítica*.

A nosso juízo, essa *forma de formas*, o capital como pedra de toque é, em nível de aparecimento, mediada por metáforas orgânicas e certo apego à semiologia fisiológica, assumindo uma franca geograficidade no romance. Assume, estamos de acordo, a condição da metáfora larval, onde o cortiço vai aparecendo como regulado por lei biológica. Todavia, as zonas fronteiriças e seus núcleos de sentido, como os que apontamos acima à luz de Brayner, possuem uma articulação mais profunda, assumindo o caráter de um *espaço de espaços*.

O diagrama abaixo pretende uma síntese do arranjo espacial na primeira sequência narrativa.

---

26 SCHWARZ, Roberto. "Adequação nacional e originalidade crítica." In:_____. *Sequências brasileiras*. São Paulo: Companhia das Letras, 1999.

27 *Ibidem*, p. 42.

28 *Ibidem*.

DIAGRAMA I
espaço de espaços

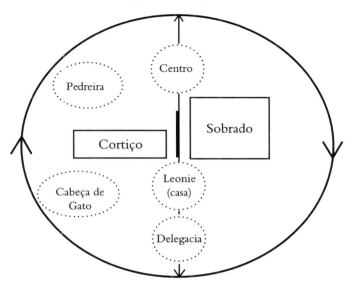

O cortiço figura como o espaço central da narrativa, como síntese unitária das contradições sociais, para o qual os demais lugares mantêm nexo e funcionam como vetores para explicitação do papel *sui generis* da própria estalagem.

As mediações literárias figuram no sentido das oposições, para o núcleo Cortiço x Sobrado. Traçamos uma linha fronteiriça entre estas duas geograficidades, que expressa a cisão econômica e cultural entre classes, seus modos de vida. Alguns espaços se estreitam a esta fronteira que separa os dois universos, simbolicamente melhor sintetizado pelo muro. O centro da cidade (Rua do Ouvidor, Casa Pascoal etc.) figuraria como espaço de frequentação e acesso das camadas privilegiadas, posicionado acima no diagrama como indicação de uma transcendência positiva, própria à trajetória ascensional, como a que se utilizará João Romão já inteiramente investido capitalista. O centro pertence ao universo da vida burguesa, mas é veículo mediador no processo de mobilidade de classe, representado pelo corticeiro português.

A delegacia e a casa de Leonie figuram na fronteira dos dois universos também, mas como lugares que articulam a sociabilidade numa transcendência negativa, ou seja, a delegacia como ente que sustêm o controle e o ordenamento social burguês na lógica de disciplinarização indicada anteriormente, e a casa de Leonie como espaço que é funcional à estrutura da família nuclear burguesa e sua moral sexual correspondente, cuja prática reproduz em nível relativamente velado a mesma semântica burguesa que reúne sexualidade e dinheiro. A casa de Leonie aparece na fronteira, mesmo que sua posição pertença ao universo burguês, pois sua "herança" é mediada pelos pobres do cortiço, a saber, a cooptação de Pombinha e, no sucedâneo, a cooptação de Zulmira.

A pedreira, como símbolo do processo de trabalho e das exigências de autoconservação, orbita o cortiço, no sentido dos fluxos que se estabelece diretamente entre os habitantes da estalagem e o mundo de trabalho, e no sentido da transmissão da vida e da riqueza que produzem para o enriquecimento de João Romão, lhes restando o "resfolgar de besta cansada".[29]

Há ainda o cortiço rival Cabeça de Gato, que circunda também a região avassalada dos pobres, mas que figura no enredo para acentuar o elemento conducente na narrativa, a lógica eco-

---

29   AZEVEDO, Aluizio. *O Cortiço*. 1ª ed. Rio de Janeiro: Garnier, 1890, p. 69.

nômico-social sobrepujando as mediações indicativas da regulação biologizante dos espaços, coisas e comportamentos. Neste ponto queremos voltar ao que indicamos supra como o ponto de inflexão na percepção do grau de penetração das mediações literárias de matiz científico.

A linha divisória entre os dois universos, nas duas transcendências sugeridas, se dispõe em arranjo ao círculo em movimento (as setas tracejadas representam este fluxo perene dos dois universos ao círculo), compondo então o todo do *espaço de espaços*.

Essa totalidade espacial, composta de contiguidades assimétricas, seria a cidade burguesa matrizada pelo capital, em seu processo de modernização metamórfica. Num plano inicial, esse processo é representado no romance reificadamente mediante o ideário mesológico e fisiológico, mas suprassumido quando explicitado o mecanismo dirigido, à maneira da racionalidade do capital, em que a inicial regulação orgânica se transfigura em uma mecânica toda afeita aos contornos da urbanização.

Esse movimento heurístico não fora notado por Sonia Brayner, ao ver na reconstituição do cortiço o prolongamento da metáfora larval-orgânica. Fora intuído por Affonso Romano, ao apontar a transição da natureza à cultura por que teria passado o cortiço em seu esquema estruturalista, entrementes sem perceber as raízes que alavancam esta dinâmica.

Por seu turno, Antonio Candido desvela tal mecanismo sob a insígnia da *dialética do espontâneo e do dirigido*. Há um movimento narrativo na caracterização do cortiço em que os dois ritmos estão presentes, o ritmo espontâneo que descreve a estalagem à luz de metáforas orgânicas e como se fosse regulada por uma lei biológica, e o ritmo dirigido onde o jogo natural passa a ser coordenado e enformado segundo a iniciativa do capitalista português, em que as forças do meio não o subjugam, pelo contrário, são por ele dominadas.

A dinâmica entre estes dois vetores é fundamental de ser observada, pois o evolver narrativo aponta para o gradual predomínio do segundo movimento sobre o primeiro, cujo momento crucial se instaura após o incêndio e os desdobramentos sequenciais que daí derivam. Na síntese do mestre Candido, lê-se:

> O cortiço renovado é descrito por uma imagem de cunho mecânico, quando o antigo sempre o fora por meio de imagens orgânicas, que continuam a ser usadas para o cortiço desorganizado que recebe seus rebotalhos. A passagem do espontâneo ao dirigido manifesta a acumulação de capital, que disciplina à medida que se disciplina, enquanto o sistema metafórico passa do orgânico para o mecânico do mundo urbanizado.[30]

Ora, a constituição metamórfica dos espaços possui correspondentes nas práticas sociais delineadas pelas personagens. João Romão, sem dúvidas, é exemplar. Seu movimento ascensional, sua transcendência positiva, coincide com a degringolada dos moradores da habitação, em todos os níveis, inclusive o nível erótico e afetivo.

---

30 CANDIDO, Antonio. *O discurso e a cidade*. São Paulo: Duas Cidades, 1993, p. 135-136.

DIAGRAMA II – **Ascensão comparada de João Romão**

```
                        Visconde
                        proprietário
                        da avenida
                    proprietário
                    da estalagem
                proprietário
                do cortiço
            proprietário
            do terreno
        vendeiro
            falseia a alforria
            de Bertoleza
                rouba materiais
                    rouba Domingues
                    e Libório
                        cumplicidade implícita
                        na morte de Bertoleza
```

Fonte: SANT'ANNA (1979, p. 109)

Retomamos, para efeito sinóptico, o diagrama acima pelos indícios que nos fornecem quanto ao traçado assimétrico nas respectivas trajetórias de Romão e dos bestializados que ele subjuga na habitação coletiva. Sua ascese social coincide, outrossim, com seu declínio moral.

A despeito de não verificarmos a maioria das personagens no diagrama, a ambivalência nos dá a pista acerca dos arranjos e contradições que a questão do erotismo atravessa enquanto diegese no romance. Erotismos engendrados por geograficidades.

"UMA MÚSICA FEITA DE GEMIDOS DE PRAZER" SOB "O PRAZER ANIMAL DE EXISTIR"

O tópico supra se dirigiu à finalidade de, apresentando o eixo narrativo-composicional de *O Cortiço*, mostrar como as disposições espaciais no romance compõem uma totalidade, adensada por núcleos de significado, que, por sua vez, mantém vínculo com aquele eixo narrativo. Isto nos permitiu sustentar que, ainda que a compleição metafórica seja sobremaneira fundada na tipologia orgânica, esta vai à cauda daquele mirante narrativo. Ou seja, a dialética entre o espontâneo e o dirigido, entre o larval e o mecânico, na descrição de personagens e ambientes, em homologias complexas, se estende como momento, arranjo diegético, de um *processo* social de maior escala tornado literário, onde o romancista pôde "descrever minuciosamente o mecanismo de formação da riqueza individual".[31]

Feito este esforço, razoável indagar: qual relação tem o móvel narrativo e o arranjo espacial com as representações eróticas do romance?

Entre os núcleos de sentido possíveis referentes à questão erótica, elejo dois que me parecem os mais substanciais, cada um dando margem a um exame *de per si*, que, a nosso juízo, todavia, possuem um denominador comum. Este denominador é o elo que estabelecem com o móvel da ficção, o que nos indica outro relevo na leitura daqueles núcleos, especialmente o que se refere aos pobres. O erotismo, espraiado em seus núcleos de significado, também perfaz uma totalidade, mas uma totalidade enquanto arranjo diegético na economia da obra.

Razoável esclarecer, antes de apresentar ambos os núcleos, como pensamos a questão do erotismo. Em rápidas linhas, entendemos que,

> diversamente da sexualidade animal, ligada de imediato aos órgãos da reprodução e voltada de todo para a perpetuação da espécie, o erotismo é uma atividade diferencialmente humana – um fato de cultura, portanto –,

---

31 *Ibidem*, p. 130.

que abdica de caso pensado de qualquer fim genésico para se preocupar apenas com o prazer em si.[32]

Este ponto de partida, na síntese batailleana de José Paulo Paes, é interessante para estabelecermos o contraste dos modos eróticos presentes no romance, pelos quais o prazer assume uma tipologia problemática.

Considerando nosso propósito de uma abordagem panorâmica, entendemos que, tal como já fomos sugerindo, figuram dois núcleos fundamentais na significação das práticas eróticas, que são aquiescidas nas oposições entre cortiço e sobrado, ou melhor, entre as classes privilegiadas e as classes subalternas.[33]

Nas práticas eróticas das personagens das classes subalternas, repousa a acusação de serem niveladas por um irresistível fisiologismo luxurioso, mediante uma descrição tendente à zoomorfização dos comportamentos e dos indivíduos, amiúde sustidas na aclimatação, na "capitulação de todos os personagens às pressões dissolutoras do 'ambiente'",[34] afinal, consente o narrador ser "o sol, único causador de tudo aquillo".[35]

---

32 PAES, José Paulo. "Erotismo e poesia: dos gregos aos surrealistas". In:_____. *Poesia erótica em tradução*. São Paulo: Companhia das Letras, 2006, p. 17.

33 Com isso, não queremos dizer que algumas personagens não sustentem centros de interesse da narrativa próprios, a exemplo de Rita Baiana, Pombinha, Jerônimo, Bertoleza ou Piedade, numa configuração heterogênea que possui suas peculiaridades, mas nos inclinamos aqui em apreender um nexo comum às mediações das personagens.

34 COUTINHO, Carlos Nelson, *op. cit.*

35 AZEVEDO, Aluizio. *O Cortiço*. 1ª ed. Rio de Janeiro: Garnier, 1890, p. 277.

Ao descrever o cortiço, temos uma "uma agglomeração tumultuosa de machos e fêmeas" que vivem o "prazer animal de existir". Na descrição das personagens abundam os elementos de uma semiologia zoomórfica.[36] Em sua variedade, há uma noção que se projeta com maior intensidade e de algum modo como sumária das ações das personagens em seu enredamento erótico.

> Não podia chegar á janella sem receber no rosto aquelle bafo, quente e sensual, que o embebedava com o seu fartum de bestas no coito.[37]

> (…) e outros ferreiros e hortelões, e cavouqueiros, e trabalhadores de toda a especie, um exercito de bestas sensuaes.[38]

> E com um arranco de besta fera cahiram ambos próstados, arquejando.[39]

> (…) sem uma palavra, sem um gesto, mas a dizer bem claro, na sua dôr silenciosa e quieta de animal ferido, que a amava muito, que a amava loucamente.[40]

> (…) dir-se-ia que não era contra o marido que se revoltava, mas sim contra aquella amaldiçoada luz allucinadora, contra aquelle sol crapuloso, que fazia

---

36 A este respeito, para um mapeamento cuidadoso, ver o capítulo 5 de BRAYNER, Sonia, *op. cit.*

37 AZEVEDO, Aluizio. *O Cortiço*. 1ª ed. Rio de Janeiro: Garnier, 1890, p. 28-29.

38 *Ibidem*, p. 213.

39 *Ibidem*, p. 258.

40 *Ibidem*, p. 190.

ferver o sangue aos homens e mettia-lhes no corpo luxurias de bode.[41]

A imagística predominante no romance passa pelas noções de *animal* e *besta*, de maneira que elas também planeiam a caracterização dos comportamentos eróticos das personagens, particularmente pertencentes ao cortiço.

O pendor por essa semântica *animal* no romance parece ineludivelmente recair no traço ideológico de seu autor, além de o plano objetivo da criação artística ser levado a efeito à luz das teorias naturalistas de época em que meio e raça são tomados como forças determinantes.

Afeito a este nível de leitura, é o sentido de ver no romance uma narrativa em torno de disputas e conflitos entre nacionalidades e raças, mediante a percepção de núcleos como Brasileiro x Português ou Branco x "De cor".

> No entanto, estas divisões são atenuadas por um terceiro elemento qualificador: a animalidade. Todos, brancos e pretos, brasileiros e portugueses, ricos e pobres, homens e mulheres, se caracterizam ao nível animal, – seja porque suas funções fisiológicas são trazidas a primeiro plano, quebrando as diferenças de cultura, seja porque o romancista usa, para todos, qualificativos que animalizam. O próprio Cortiço é caracterizado como agrupamento de animais, o que dá caráter coletivo aos traços de cada um.[42]

---

41 *Ibidem*, p. 266.

42 CANDIDO, Antonio. Duas vezes "A passagem do dois ao três". In: _____. *Textos de intervenção; seleção, apresentação e notas de Vinicius Dantas*. São Paulo: Duas Cidades, Ed. 34, 2002, p. 64.

Ora, esta clave, a animalidade, que se estende à semântica erótica, que nexos mantêm com a mediação espacial e o eixo narrativo? Apreender estes nexos exige, inicialmente, julgar o sentido deste terceiro elemento qualificador. Senão vejamos.

> (...) não se trata de uma equiparação graciosa do animal ao homem (à maneira das fábulas), mas, ao contrário, de uma feroz equiparação do homem ao animal, entendendo-se (e aí está a chave) que não é o homem na integridade do seu ser, mas o homem = trabalhador.[43]

Eis que se estreitam as mediações. Pois a semiologia dominante traduz um estado de coisas de um homem subtraído da *integridade do seu ser*, recorrendo, para tanto, a um recurso alegórico como mediação (o Brasil) "entre o fato particular (o cortiço) e o significado humano geral (pobreza, exploração)".[44]

Este procedimento é revelador do significado específico das condições de vida das camadas sociais sob a égide da modernização brasileira. O fulcro da modernização, insistimos, está ligado ao processo de acumulação de capital no país, por isso há que se notar que

> N'O Cortiço ele [o dinheiro, V. B.] se torna implicitamente objeto central da narrativa, cujo ritmo acaba se ajustando ao ritmo da sua acumulação, tomada pela primeira vez no Brasil como eixo da composição ficcional.[45]

---

43 Idem. *O discurso e a cidade*. São Paulo: Duas Cidades, 1993, p. 129.
44 *Ibidem*, p. 152.
45 *Ibidem*, p. 131.

O que está em jogo, deste modo, é a existência de um denominador comum do capital como processo econômico-espacial: o acentuado rebaixamento das condições de existência para as classes subalternas e, por conseguinte, o embotamento de seus sentidos *humanos*, tanto os sentidos físicos quanto os sentidos espirituais. Observe-se que a ênfase em torno do fisiologismo e da animalização não é algo estranho a esta lógica social, é, sem embargos, seu corolário. Ocorre, sim, que esta seja uma expressão menos visível e direta da lógica do dinheiro em seu sucedâneo de acumulação. A nosso ver, esta é a pista fornecida pelo diagrama II a propósito da ascensão de João Romão, angulada na acumulação exploradora, e a decadência progressiva das personagens sob seu jugo.

Desta forma, a correlação entre espaço e erotismo se mostra mais decisiva, escapando da ideia de reducionismo mesológico, para ser vivificada numa dimensão que pretende transcender o nível de aparecimento narrativo para sondar seu plano mais essencial na obra de arte.

Neste ponto, pode pairar uma inquietação se o espaço, enquanto materialização de uma lógica social, dispõe de fato de tamanha força de engendramento da tipologia amorosa que mais se acentua n'*O Cortiço*. Para maturar a questão, a observação do fenômeno urbano pode se mostrar reveladora.

Não por acaso, iniciamos este capítulo recuperando a categoria de *experiência* em Walter Benjamin. O monstruoso desenvolvimento da técnica, diz ele, produziu uma escala de miséria própria a uma nova barbárie sob a qual a humanidade se vê envolta. O esboroamento da experiência, no ritmo frenético das cidades, passa pelo isolamento dos indivíduos e pela recusa da fruição das peças do patrimônio humano, como sentencia em seu *Experiência e Pobreza*.

Uma indiferença universal vai sendo instituída como regra geral da sociabilidade, e um evidente processo de desumanização é levado a cabo nas transformações urbanas que dão origem às grandes cidades. Neste sentido, o invulgar *A situação da classe trabalhadora na Inglaterra* é uma fonte notável do rigoroso mapeamento empírico-analítico de Engels sobre as condições de vida das classes laboriosas. À semelhança de Benjamin, ele observa:

> Essa indiferença brutal, esse insensível isolamento de cada um no terreno de seu interesse pessoal é tanto mais repugnante e chocante quanto maior é o número desses indivíduos confinados nesse espaço limitado; e mesmo que saibamos que esse isolamento do indivíduo, esse mesquinho egoísmo, constitui em toda parte o princípio fundamental da nossa sociedade moderna, em lugar nenhum ele se manifesta de modo tão impudente e claro como na confusão da grande cidade.[46]

Olgária Matos aponta que a passagem do *vivere civile* florentino, que trazia consigo o cariz da cidade clássica – "espaço da vida em comum segundo os valores da democracia e da filosofia, da política e da contemplação, da ética e da estética"[47] – para a cidade capitalista, regulada por um mercado anônimo, resultou numa "cultura do excesso e do esgotamento do prazer".[48] Essa "cidade

---

46 ENGELS, Friedrich. *A situação da classe trabalhadora na Inglaterra*. São Paulo: Boitempo, 2010, p. 68.

47 MATOS, Olgária. "A cidade perversa e o esgotamento do prazer." *E-metropolis*, n. 7, ano 2, dez. 2011, p. 9.

48 *Ibidem*, p. 8.

perversa" implode qualquer medida de interdição, qualquer regulação moral, pois uma *pleonexia* mercantil reduz tudo à relação de compra e venda. Escusado o princípio kantiano da dignidade – que em última instância postula que "o que não se negocia é tudo que não tem preço, mas dignidade"[49] – se instaura um capitalismo pulsional marcado por uma dessublimação repressiva (Marcuse). Um tal índice é posto em marcha "a partir do momento em que o dinheiro se estabelece como ideal de uma civilização".[50]

Simmel,[51] por sua vez, mostra o declínio da sensibilidade e do sentimento em favor do entendimento em seu estudo das condições psicológicas das individualidades no interior das grandes cidades. A primazia do entendimento sobre a sensibilidade consiste num mecanismo de proteção da "vida subjetiva frente às coações da grande cidade",[52] visto que ele é "o órgão psíquico menos sensível, que está o mais distante possível das profundezas da personalidade".[53]

A causa deste processo, para Simmel, está relacionada à hegemonia da economia monetária. Ao reduzir tudo à esfera do "quanto", "as relações de entendimento contam os homens como números, como elementos em si indiferentes",[54] deste modo, "o espírito moderno tornou-se mais e mais um espírito contábil".[55]

---

49 *Ibidem*, p. 14.

50 *Ibidem*, p. 8.

51 SIMMEL, Georg. "As grandes cidades e a vida do espírito" (1903). *Mana*, v. 11, n. 2, p. 577-591, 2005.

52 *Ibidem*, p. 578.

53 *Ibidem*, p. 578.

54 *Ibidem*, p. 579.

55 *Ibidem*, p. 580.

A intensificação da vida nervosa, a indiferença universal, a reserva e o caráter *blasé* – "a essência do caráter blasé é o embotamento frente à distinção das coisas"[56] – são os efeitos produzidos neste amplo espectro de *despersonalização* produzido pela grande cidade. Ora, esta lógica de abstratificação produzida pela economia monetária invade as relações sociais até seus níveis mais recônditos, numa nulificação da experiência. "Essa disposição anímica é o reflexo subjetivo fiel da economia monetária completamente difusa".[57] O dinheiro figura então como veículo dessa operação.

> Na medida em que o dinheiro compensa de modo igual toda a pluralidade das coisas; exprime todas as distinções qualitativas entre elas mediante distinções do quanto; na medida em que o dinheiro, com sua ausência de cor e indiferença, se alça a denominador comum de todos os valores, ele se torna o mais terrível nivelador, ele corrói irremediavelmente o núcleo das coisas, sua peculiaridade, seu valor específico, sua incomparabilidade.[58]

Ora, neste momento se atinge o ponto nevrálgico que articula as práticas dos dois núcleos de sentido no tocante ao erotismo, o das personagens pobres e das personagens elitizadas: ambos estão angulados por um sentido erótico-amoroso grosseiro, subtraído de qualidades. No caso dos pobres, a abstratificação é tecida pela carestia, enquanto que, entre os ricos, é francamente tecida pela venalidade. As diferenças repousam, a nosso ver, na etiqueta do aparecer entre os burgueses que não é replicada de

---

56   *Ibidem*, p. 581.

57   *Ibidem*, p. 581.

58   *Ibidem*, p. 581-582.

modo estrito entre os pobres. Ademais, também são tecidas pela tipologia espacial, o lugar privado da casa, do sobrado, em contraste com o caráter público do cortiço, onde, para o primeiro, a sexualidade se expõe velando-se, enquanto que no segundo a sexualidade é exposta explicitamente.

Pois, a exemplo, a animalidade e o fisiologismo, como já se disse, também perpassam o modo de vida entre os ricos. Miranda, em seu reencontro luxurioso com a esposa Estela, é descrito sob aquele signo da bestialidade.

> E gozou-a, gozou-a loucamente, com delírio, com verdadeira satisfação de animal no cio.[59]

O predomínio é o da abstratificação venal, no entanto. Estela, com os deslocamentos à moral sexual professada por sua classe, é mantida por Miranda enquanto esposa por força do regime dotal e das regalias que usufruía disto. Em diálogo com o parasita Botelho, este assevera ao que o português assente em acordo:

> — Uma mulher naquellas condições, dizia elle convicto, representa nada menos que o capital, e um capital em caso nenhum a gente despreza!.[60]

João Romão igualmente ilustra esta dinâmica, num primeiro momento ao converter Bertoleza em companheira-máquina e, em momento posterior já como capitalista, em sua inclinação pela filha do português rival, Zulmira. *Status* e dinheiro são os fios que cosem o propósito erótico.

---

59 AZEVEDO, Aluizio. *O Cortiço*. 1ª ed. Rio de Janeiro: Garnier, 1890, p. 18.
60 *Ibidem*, p. 38.

> Mas, só com lembrar-se da sua união com aquella brasileirinha fina e aristocratica, um largo quadro de victorias rasgava-se defronte da desensoffrida avidez da sua vaidade. Em primeiro logar fazia-se membro de uma familia tradicionalmente orgulhosa, como era, dito por todos, a de Dona Estella; em segundo logar augmentava consideravelmente os seus bens com o dote da noiva, que era rica; e em terceiro, afinal, caber-lhe-ia mais tarde tudo o que o Miranda possuia, realisando-se deste modo um velho sonho que o vendeiro affagava desde o nascimento da sua rivalidade com o visinho.[61]

Mesmo a *cocote* francesa Leonie, e em seguida Pombinha, que costumam ser tomadas como ícones de uma lógica de resistência erótica, pela recusa ao código sexual vitoriano, não deixam de estar também imersas nas malhas da dominação classista, só que como agentes e pacientes simultaneamente, afinal, "a semântica da violação impera na área da sexualidade, analógica à do dinheiro".[62]

Sobre estas personagens, afirma Brayner com perspicácia:

> Leonie e Pombinha, entretanto, instalam-se na prostituição como capitalistas esclarecidas: é das ruas que lhes vem o movimento financeiro e seus corpos são a forma de investimento que lhes traz renda garantida. Desprovidas de qualquer mistério, banais, viciosas, sem o prestígio do inexplicável com que as envolvia o Romantismo, são explorações financeiras para a alta burguesia.[63]

---

61   *Ibidem*, p 321.
62   BRAYNER, Sonia, *op. cit.*, p. 73.
63   *Ibidem*, p. 73.

O que se depreende em ambos os núcleos de sentido relativos ao erotismo é a animalização, e não apenas entre os pobres por força do processo de trabalho mais diretamente embrutecedor. Pois a destituição do caráter propriamente *humano* do sentido amoroso avança de maneira intensa entre as diferentes classes. A lógica do dinheiro compele por uma via comum, mas com materializações distintas em princípio, as formas de (des)realização erótica.

Em consonância ao exame até então discorrido, recorro à Marx, em sua fecunda teoria da sensibilidade, para suster nossa posição de que, em O *Cortiço*, a correlação entre espaço e erotismo descobre no *plano objetivo da criação artística*, mesmo com mediações reificadas, *a completa repressão e alienação das mais íntimas potencialidades humanas*, que, no plano erótico-amoroso, ocorre mediante a animalização das relações e no predomínio do prazer egoísta.

Segundo Marx,

> Só por meio da riqueza objetivamente desenvolvida do ser humano é que em parte se cultiva e em parte se cria a riqueza da sensibilidade subjetiva *humana* (o ouvido musical, o olho para a beleza das formas, em resumo, os sentidos capazes de satisfação humana e que se confirmam como capacidades *humanas*). Certamente não apenas os cinco sentidos, mas também os chamados sentidos espirituais, os sentidos práticos (vontade, amor, etc.), ou melhor, a sensibilidade *humana* e o caráter humano dos sentidos, que vêm à existência mediante a existência do *seu* objeto, por meio da característica *humanizada*. A *formação* dos cinco sentidos é a obra de toda a história mundial anterior. O *sentido* encarcerado sob a grosseira necessidade prática possui unicamente um significado limitado. Para o homem

> que morre sob a fome, não existe a forma humana do alimento, mas só o seu caráter abstrato como alimento; poderia igualmente existir na sua forma mais crua e é impossível dizer em que medida esta atividade alimentar se diferenciaria da atividade alimentar *animal*. O homem sufocado pelas preocupações, com muitas necessidades, não tem qualquer sentido para o mais belo espetáculo; o comerciante de minerais vê apenas o seu valor comercial, e não a beleza e a natureza própria do mineral; encontra-se desprovido do sentido mineralógico. Portanto, a objetivação da essência humana, tanto do ponto de vista teórico como prático, é necessária para *humanizar os sentidos* do homem e criar a *sensibilidade humana* correspondente a toda a riqueza do ser humano e natural.[64]

A esta altura, se poderia indagar uma incorreção nossa no manejo da categoria de erotismo, pois dissemos, à sombra de Bataille, que o erotismo está relacionado com um fato de cultura, não genésico, e não com a sexualidade animal reprodutiva. Ao afirmarmos que o todo nuclear erótico no romance se manifesta nivelado sob o signo da animalização, se teria, aparentemente, uma contradição. Ocorre, entretanto, que a contradição de fato existe. Não a de nossa mediação conceitual, mas a contradição em que se encontra a exteriorização do erotismo no capitalismo, que se materializa essencialmente sob forma antierótica. O capitalismo impele objetivamente à produção de condições em que se mantém "o *sentido* encarcerado sob a grosseira necessidade prática", portanto, este "possui unicamente um significado limitado". O sentido erótico-amoroso sob o

---

[64] MARX, Karl. *Manuscritos Econômico-Filosóficos*. São Paulo: Martin Claret, 2006, p. 143-144.

cárcere da grosseira necessidade, e sua consequente desumanização e animalização, é assim fabricado por conta de condições histórico-sociais, um fato de cultura, o que deste modo merece o exame rigoroso que tenha como miradouro uma teoria da formação histórico-ontológica do ser e uma teoria da alienação, sob pena de enredar-se no nível tão somente de manifestação da problemática erótica.

Note-se que a corrosão do "caráter humano dos sentidos", entre eles o sentido amoroso, não é exclusividade de uma classe ou de frações de classe, mas da totalidade social submetida às relações sociais burguesas, à economia monetária, em suas dimensões mais ou menos evidentes, visto que o capital se perfaz por uma cultura, por mediações menos auto evidentes.

Em *Do homem do amor ao amor do homem,* procurei demonstrar como o amor sofre entraves ontológicos à sua mais autêntica realização sob a regência da propriedade privada e do capital, pensando, a partir disto, as condições histórico-sociais possíveis à sua manifestação como amor total, estreita à realização do homem total, na integridade do seu ser. Ainda lá, notávamos a relevância de lastrear elementos aproximativos a esta emancipação amorosa mediante um *ethos*, que, por sua própria natureza precária e rascunhar, pretendia restituir o *outro* mais despido da carcaça da reificação erótica levada a termo pelo capitalismo, portanto, em contraste com o *ethos* amoroso típico da sociedade burguesa.[65]

Octavio Paz afirmou, com justeza, que o erotismo é antes de tudo *sede de outridade.*

---

65 BEZERRA, Vinícius P. *Do homem do amor ao amor do homem: esboço para uma teoria histórico-ontológica do amor.* Monografia (Graduação em Filosofia) – Centro de Ciências Humanas-UFMA, São Luís, 2009.

A releitura que fizemos do vínculo entre espaço e erotismo no romance azevediano, procurando perceber os dois núcleos de significado como representação do mundo acurada que, mesmo envolto em limites próprios ao ambiente intelectual de sua época, mais permite *revelar* da sua essencialidade do que obnubilar a experiência com o mundo mesmo, que corresponderia a mantê-la nos grilhões da espessura aparente da realidade. Isto, a nosso juízo, permite alçar voo, através da obra de arte, para a dimensão não cotidiana da vida, para uma experiência *para-si* com o mundo na peculiaridade da fruição estética.

A *outridade* reificada característica na narrativa d'*O Cortiço*, em seus liames particulares referentes às personagens, põe em causa a necessidade de descoberta e restituição da *outridade* autêntica, à semelhança do *reino dos fins* defendido por Kant em que os indivíduos se relacionam tomando *cada um como um fim em si mesmo*. Recompor esta alteridade tornaria possível a transição do *Anteros*, animalizado e disciplinarizado pela *sciencia sexualis*, para o *Eros* multiforme e enriquecido pela sensibilidade efetivamente *humana*.

Assim, nossa empresa se orientou em reler o espaço do cortiço e de outros ambientes descritos não apenas como coisas, como adereço à montagem narrativa, mas como elementos constitutivos da sequência narrada, relativizando o enquadramento esquemático acerca do romance de tipo naturalista. Preencher com outro sentido a presença da metáfora orgânica, apanhá-la na diegese do filão composicional, foi outro momento deste arejamento hermenêutico.

Pois o que disse o mestre Candido a respeito de *L'Assommoir* tem excelente correlação com o que pretendemos dar a ver em relação a *O Cortiço*, mesmo com nossos limites e errâncias.

O mecanismo filosófico da concepção se traduz por nexos à primeira vista rígidos, mas arejados em parte pela multiplicação de significados do processo simbólico.[66]

---

66 CANDIDO, Antonio. *O discurso e a cidade*. São Paulo: Duas Cidades, 1993, p. 74.

EPÍLOGO

O uso da literatura como fonte da investigação histórica tem se mostrado um recurso fecundo, que torna possível arejar o ambiente e ofício do historiador. Desde sua retomada nos últimos decênios, é flagrante o enriquecimento da disciplina, pois já se disse que o trânsito entre campos do saber distintos permite que novos olhares sejam trazidos à baila, e a comunicação científica se eleve.

Quando se trata, no entanto, da recorrência a um artefato estético, não se pode negligenciar que este impõe exigências metodológicas, pela historicidade das obras, mas principalmente pela peculiaridade da obra de arte como fenômeno de civilização.

Empenhamo-nos neste estudo em, fazendo uso da obra literária, problematizar o *modus operandi* que está se tornando cânone no fazer historiográfico através da literatura. Vimos que existem raízes epistemológicas como pano de fundo da consagração deste modo de "fazer História". Entre os deslizes, a incompreensão da obra de arte como uma totalidade que articula um modo de aparecimento e um modo de ser, onde a mimese pode assumir espessuras diversas.

O *Cortiço*, desde que veio a lume, tem produzido reações intensas entre as camadas sociais e, no afluxo da História Social atual se mostra assustadoramente contemporâneo pela variedade de pistas e mediações que seu enredo traz, cujo valor histórico é irrefutável, pois alguns temas são trazidos a público na representação literária pela primeira vez no romance azevediano.

A nosso ver, Aluísio Azevedo ultrapassa os limites impostos pelo ideário multiverso da ordem, mesmo quando adere francamente a determinados matizes deste ideário a exemplo do intento de tornar o romance um experimento científico, na medida em que não se alheia ao ímpeto diretor e virulento da lógica econômica que, sob a égide da acumulação e da consequente opressão dirigida a este fim, cria os cercamentos e fronteiras das práticas sociais para o qual o tecido urbano, e neste o espaço da habitação coletiva, se torna também percuciente nas injunções aferidas à vida erótica.

Uma eroticidade calcada lado a lado às demais necessidades físicas e sentidos espirituais que sofrem o gravame do rebaixamento ao nível puramente físico, para o qual o nexo causal à totalidade social, matrizada pelo econômico, não pode ser ignorada.

Se o peso das metáforas orgânicas do corpo, a insígnia da animalização, parece traduzir um indisfarçável e monolítico retrato de seu autor como ideólogo da *Belle Époque*, há que se notar o curso dos acontecimentos históricos em que um capitalismo se instaura em toda a sua mordacidade e impele deveras a uma condição animalizada, quer seja a primazia da carne e do prazer egoístas, quer seja pela redução do amor e do erótico à abstratificação venal, como se observará em João Romão ou em Miranda/Estela, ao reduzir todos os sentidos (físicos e espirituais) e o modo da fruição à esfera do *quantum*.

A ressignificação simbólica no romance indica um nível de apreensão da realidade mais adiante às fulgurações ideológicas, e descuidar disto seria laborar em franco erro heurístico.

Pensar a semântica dos tempos históricos, é reconstruir o passado sem a característica ingenuidade de uma história grandiloquente, dos vencedores, retomando os fios e meandros dos vencidos sem, tampouco, reproduzir outro gênero de acriticismo que superestima tudo o que advenha de suas práticas, como se estas não estivessem assaz envolvidas nas malhas da reificação e também concorressem para a reprodução, em nível íntimo, das tecnologias de poder e da mecânica da dominação engendrada no seio das classes dominantes.

Desta maneira, a acentuação do elemento discursivo médico-higienista ou o mesologismo como força predominante de época, que teria refluído unilateralmente para a caracterização erótica das personagens e do enredo em O Cortiço, esquece de perceber, ao contrário do que fez Antonio Candido, que o eixo narrativo do romance é o processo de acumulação semiprimitiva de capital no Brasil, que vai ao longo da narrativa se explicitando pela ascensão do português João Romão e pelo declínio dos trabalhadores, e não obstante a presença de componentes metafóricos de viés racista, mesológico ou higienista, os núcleos de significado mais relevantes do romance, como o das práticas eróticas, são presididos por aquele móvel narrativo, onde a série literária revela a série social, e a zoomorfização fortemente presente pela metáfora orgânica e animal indica, por seu turno, os reveses declinantes para o qual o brutal processo de acumulação impelia as classes trabalhadoras, fazendo com que suas práticas eróticas e afetivas igualmente fossem rebaixadas. Evidente que, de par com a modernização capitalista, se somavam as práticas discursivas de higienistas, racistas, e demais ideologias, mas notá-las, no interior do romance, sem ver sua ressignificação e costura à sequência narrativa, é desqualificar o mundo relativamente autônomo que a obra literária representa.

FONTES E BIBLIOGRAFIA

Fontes

AZEVEDO, Aluizio. *O Cortiço*. 1ª ed. Rio de Janeiro: Garnier, 1890.

_____. "Casas de cômodos". In: _____. *O touro negro (crônicas e epistclário)*. 1ª ed. Rio de Janeiro: F. Briguet e Cia, 1938.

Bibliografia

ANTELO, Raúl. "Introdução". In: RIO, João do. *A alma encantadora das ruas*. 2ª reimpressão. São Paulo: Companhia das Letras, 2009.

BENCHIMOL, Jaime Larry. *Pereira Passos: um Haussmann tropical. A renovação urbana da cidade do Rio de Janeiro no início do século XX*. Rio de Janeiro: Secretaria Municipal de Cultura, Turismo e Esportes, Departamento Geral de Documentação e Informação Cultural, 1992.

BENJAMIN, Walter. "Sobre alguns temas em Baudelaire". In: _____. *Magia e técnica, arte e política: ensaios sobre literatura e história da cultura*. Tradução Sérgio Paulo Rouanet. São Paulo: Brasiliense, 1989. (Obras escolhidas, vol. III)

_____. "Experiência e Pobreza". In: _____. *Magia e técnica, arte e política: ensaios sobre literatura e história da cultura*. Tradução Sérgio Paulo Rouanet. 7. ed. São Paulo: Brasiliense, 1994. p. 114-119. (Obras escolhidas, v. I)

BEZERRA, Vinícius P. *Do homem do amor ao amor do homem: esboço para uma teoria histórico-ontológica do amor*. Monografia (Filosofia) – Centro de Ciências Humanas - UFMA, São Luís, 2009.

BRAYNER, Sonia. *A metáfora do corpo no romance naturalista: estudo sobre "O Cortiço"*. Rio de Janeiro: Livraria São José, 1973.

BULHÕES, Marcelo. *Leituras do desejo: o erotismo no romance naturalista brasileiro*. São Paulo: Edusp, 2003.

CAMPOS, Marize Helena de. *Maripozas e Pensões: um estudo da prostituição em São Luís na primeira metade do século XX*. Dissertação (História Econômica) – FFLCH-USP, São Paulo, 2001.

CANDIDO, Antonio. *Literatura e sociedade: estudos de teoria e história literária*. São Paulo: T. A. Queiroz, 2002.

_____. *O discurso e a cidade*. São Paulo: Duas Cidades, 1993.

_____. Duas vezes "A passagem do dois ao três". In: CANDIDO, A. *Textos de intervenção; seleção, apresentação e notas de Vinicius Dantas*. São Paulo: Duas Cidades, Ed. 34, 2002, p. 51-76.

CARLOS, Ana Fani Alessandri. "'Novas' contradições do espaço". In: DAMIANI, A.; CARLOS, A. F.; SEABRA, O. *O espaço no fim de século: a nova raridade*. São Paulo: Contexto, 2001.

CARVALHO, Lia de A. *Contribuições ao estudo das habitações populares. Rio de Janeiro, 1886-1906*. Rio de Janeiro: Prefeitura da Cidade do Rio de Janeiro, 1995.

CASTRO, Hebe. "História Social". In: CARDOSO, C. F. & VAINFAS, R. *Domínios da história: ensaios de teoria e metodologia*. Rio de Janeiro: Campus, 1997.

CHALHOUB, Sidney. *Cidade febril: cortiços e epidemias na corte imperial*. São Paulo: Companhia das Letras, 1996.

CHARTIER, Roger. "A história hoje: dúvidas, desafios, propostas". *Estudos Históricos*, Rio de Janeiro, n. 13, v. 7, 1994, p. 97-113.

_____."O mundo como representação". *Estudos Avançados*, 11(5), 1991.

_____. "Debate: Literatura e História". *Topoi*, Rio de Janeiro, Varella 1, 1999, p. 197-216.

COSTA, Jurandir Freire. *Ordem médica e norma familiar*. Rio de Janeiro: Graal, 1999.

CUNHA, Beatriz Rietmann da Costa e. "'Quem dá aos pobres, empresta a Deus': apontamentos para uma história do Asylo dos Inválidos da Pátria". *Revista Contemporânea de Educação*, v. 4, 2009, p. 26-42.

COUTINHO, Carlos Nelson. "O significado de Lima Barreto na literatura brasileira". In: COUTINHO, C. et al. (org.). *Realismo e Antirrealismo na Literatura Brasileira*. Rio de Janeiro: Paz e Terra, 1974.

DIMAS, Antonio. *Espaço e Romance*. São Paulo: Ática, 1985.

DUAYER, Mario; MORAES, Maria Célia Marcondes de. "História, estórias: morte do real ou derrota do pensamento". *Perspectiva,* Florianópolis: NUP/CED/UFSC, n. 29, v. 16, jan./jul. 1998.

ENGEL, Magali. "História e Sexualidade". In: CARDOSO, C. F. & VAINFAS, R. *Domínios da história: ensaios de teoria e metodologia*. Rio de Janeiro: Campus, 1997.

_____. *Meretrizes e Doutores: saber médico e prostituição no Rio de Janeiro (1840-1890)*. São Paulo: Brasiliense, 1989.

ENGELS, Friedrich. *A situação da classe trabalhadora na Inglaterra*. São Paulo: Boitempo, 2010.

FALCON, Francisco José Calazans. Apresentação. In: BOUTIER, J. & JULIA, D. (orgs.). *Passados recompostos: campos e canteiros da História*. Rio de Janeiro: UFRJ/FGV, 1998.

FERREIRA, Antonio Celso. "Literatura: a fonte fecunda". In: PINSKY, C. (org.). *O historiador e suas fontes*. São Paulo: Contexto, 2011.

FOUCAULT, Michel. *História da sexualidade I: a vontade de saber*. Rio de Janeiro: Graal, 1999.

_____. *História da sexualidade II: o uso dos prazeres*. Rio de Janeiro: Graal, 1998.

GINZBURG, Carlo. "Sinais: raízes de um paradigma indiciário". In:_____. *Mitos, emblemas, sinais*. São Paulo: Companhia das Letras, 1989.

_____. "Apontar e Citar: a verdade da história". In: *Revista de História*. Campinas: UNICAMP, n. 2 e 3, [s.m.], 1991, p. 91-106,

HEGEL, Georg. *Enciclopédia das Ciências Filosóficas em Epítome*. v. 1. (Ciência da Lógica). Lisboa: Edições 70, s/d.

HOBSBAWN, Eric. "O ressurgimento da narrativa: alguns comentários". *Revista de História*, n. 2/3, IFCH/UNICAMP, 1991.

LEFEBVRE, Henri. *O direito à cidade*. Tradução Rubens Eduardo Frias. São Paulo: Centauro, 2001.

LUKÁCS, György. "Narrar ou descrever?". In: _____. *Marxismo e teoria da literatura*. São Paulo: Expressão Popular, 2010.

KOK, Glória. *Rio de Janeiro na época da Av. Central*. São Paulo: Bei Comunicação, 2005.

MAFFÍA, Diana. *Los cuerpos como frontera*. Disponível em: <http://dianamaffia.com.ar/archivos/Los-cuerpos-como-frontera.pdf>. Acesso em 10 set. 12.

MARX, Karl. *Manuscritos Econômico-Filosóficos*. São Paulo: Martin Claret, 2006.

MARX & ENGELS. *A Ideologia Alemã*. São Paulo: Boitempo, 2007.

_____. *A Sagrada Família ou a Crítica da Crítica Crítica: contra Bruno Bauer e seus seguidores*. São Paulo: Centauro, 2005.

MATOS, Olgária. "A cidade perversa e o esgotamento do prazer". *E-metropolis*, Varella 7, ano 2, dez. 2011.

MENTA, Guadalupe E. S. "A modernização e o processo de urbanização a partir do século XIX: ecos da dominação europeia no Brasil e em África". *Revista Crioula* (USP), Varella 4, nov. 2008.

MIGNOLO, Walter. "Lógica das diferenças e política das semelhanças: da literatura que parece história ou antropologia, e vice-versa". In: CHIAPPINI, Lígia; AGUIAR, Flávio Wolf de (org). *Literatura e História na América Latina*. 2ª ed. São Paulo: Edusp, 2001, p. 115-161.

MORAES, Maria Célia Marcondes de. "O renovado conservadorismo da agenda pós-moderna". *Cadernos de Pesquisa*, n. 122, v. 34, maio/ago. 2004, p. 337-357.

OLIVEIRA, Erson Martins de. "Uma vida em cortiço". In: AZEVEDO, A. *O cortiço*. São Paulo: FTD, 1993.

PAES, José Paulo. "Erotismo e poesia: dos gregos aos surrealistas". In: *Poesia erótica em tradução*. São Paulo: Companhia das Letras, 2006.

PRIORE, Mary Del. *História do amor no Brasil*. São Paulo: Contexto, 2006.

REBELLO, Janaina Fernandes. *A multiplicidade de enfoques sobre o amor na narrativa brasileira*. Tese (doutorado). Faculdade de Letras/UFRJ, Rio de Janeiro, 2006.

ROCHA, Oswaldo P. *A era das demolições: cidade do Rio de Janeiro, 1870-1920*. Rio de Janeiro: Prefeitura da Cidade do Rio de Janeiro, 1995.

SANT'ANNA, Affonso Romano de. *Análise estrutural de romances brasileiros*. 5ª ed. Petrópolis: Vozes, 1979.

_____. "Curtição: *O Cortiço* do Mestre Cândido e o Meu". In: _____. *Por um novo conceito de Literatura Brasileira*. Rio de Janeiro: Eldorado, 1977.

SANTOS, Fernanda Cássia dos. "'O Cortiço' e o erotismo no romance naturalista brasileiro". *História e-história*. 2011. Disponível em: <http://www.historiaehistoria.com.br/materia.cfm?tb=alunos&id=347>. Acesso em: 12 jan. 2011.

SCHWARZ, Roberto. "Adequação nacional e originalidade crítica". In: _____. *Sequências brasileiras*. São Paulo: Companhia das Letras, 1999.

SCHWARZ, Lilia Moritz. "As teorias raciais, uma construção histórica de finais do século XIX. O contexto brasileiro." In: SCHWARZ, L.; QUEIROZ, R. (orgs.). *Raça e diversidade*. São Paulo: Edusp, 1996.

SILVA, Helenice Rodrigues da. "A história intelectual em questão". In: LOPES, Marcos Antônio (org). *Grandes Nomes da História Intelectual*. São Paulo: Contexto, 2003.

SIMMEL, Georg. "As grandes cidades e a vida do espírito (1903)". *Mana* 11(2), 2005, p. 577-591.

SIRINELLI, Jean-François. "Os intelectuais". In: RÉMOND, René (org.). *Por Uma História Política*. 2ª ed. Rio de Janeiro: FGV, 2010.

STONE, Lawrence. "O ressurgimento da narrativa: reflexões sobre uma Velha História". *Revista de História*, IFCH/UNICAMP, 1991. n. 2/3.

WOOD, Ellen Meiksins. "Em defesa da História: marxismo e a agenda pós-moderna". *Crítica Marxista*, 1996. p. 118-127.

VAINFAS, Ronaldo. "Moralidades brasílicas: deleites sexuais e linguagem erótica na sociedade escravista". In: SOUZA, Laura de Mello e (org.). *História da vida privada no Brasil*. 6ª ed. v. 5. São Paulo: Companhia das Letras, 1997, p. 221-274.

VASSALLO, Ligia. "*Cortiço* e a cidade do Rio de Janeiro". *Ipotesi*, UFJF — Juiz de Fora — MG, v. 4, 2000, p. 103-110.

ZIMMERMANN, Tânia. "Relações de gênero e situações de violência no romance 'O Cortiço'", de Aloísio Azevedo. *Revista Cordis*: Revista Eletrônica de História Social da Cidade, 2011. Disponível em: <www.pucsp.br/revistacordis>. Acesso em: 17 out. 2011.

ZOLA, Emile. *O Romance Experimental e o Naturalismo no Teatro*. São Paulo: Elos, 1982.

AGRADECIMENTOS

Fronteiras do erótico, na presente forma de livro, não seria possível sem o apoio financeiro da Fundação de Amparo à Pesquisa e ao Desenvolvimento Científico e Tecnológico do Maranhão (FAPEMA) através do edital público Apoio à Publicação de Obras (APUB) que fui contemplado em 2014, instituição que aqui presto meu agradecimento sincero. No ano anterior, pela mesma instituição, havia sido agraciado com o Prêmio FAPEMA 2013 de Melhor Dissertação na área de Ciências Humanas, reconhecimento do mérito das ideias aqui expressas, algo que recepcionei não sem alegria. Agradeço também ao amigo e professor Aristóteles Lacerda Neto pelo enriquecedor prefácio com que brinda esta publicação. Agradeço ao amigo e professor Luiz Eduardo Lopes Silva pelo texto rigoroso da orelha ao livro. Sou igualmente grato à Alameda pela realização esmerada deste trabalho editorial. E, finalmente, agradecido à Sylmara Durans, minha companheira, que comigo zelosamente acompanhou as etapas e a revisão do livro até seu último estágio.

Esta obra foi impressa em Blumenau pela Gráfica Nova Letra na primavera de 2015. No texto foi utilizada a fonte Bembo em corpo 10,7 e entrelinha de 16,05 pontos.